Félix Lope de Vega y Carpio

La madre de la mejor

Barcelona **2024**
Linkgua-ediciones.com

Créditos

Título original: La madre de la mejor.

© 2024, Red ediciones S.L.

e-mail: info@red-ediciones.com

Diseño de cubierta: Michel Mallard.

ISBN tapa dura: 978-84-1126-197-5.
ISBN rústica: 978-84-9816-194-6.
ISBN ebook: 978-84-9897-725-7.

Sumario

Brevísima presentación

La vida

Félix Lope de Vega y Carpio (Madrid, 1562-Madrid, 1635). España.

Nació en una familia modesta, estudió con los jesuitas y no terminó la universidad en Alcalá de Henares, parece que por asuntos amorosos. Tras su ruptura con Elena Osorio (Filis en sus poemas), su gran amor de juventud, Lope escribió libelos contra la familia de ésta. Por ello fue procesado y desterrado en 1588, año en que se casó con Isabel de Urbina (Belisa).

Pasó los dos primeros años en Valencia, y luego en Alba de Tormes, al servicio del duque de Alba. En 1594, tras fallecer su esposa y su hija, fue perdonado y volvió a Madrid. Allí tuvo una relación amorosa con una actriz, Micaela Luján (Camila Lucinda) con la que tuvo mucha descendencia, hecho que no impidió su segundo matrimonio, con Juana Guardo, del que nacieron dos hijos.

Entonces era uno de los autores más populares y aclamados de la Corte. En 1605 entró al servicio del duque de Sessa como secretario, aunque también actuó como intermediario amoroso de éste. La desgracia marcó sus últimos años: Marta de Nevares una de sus últimas amantes quedó ciega en 1625, perdió la razón y murió en 1632. También murió su hijo Lope Félix. La soledad, el sufrimiento, la enfermedad, o los problemas económicos no le impidieron escribir.

Dirigida a don fray Plácido de Tosantos

Obispo de Guadix, del Consejo de S. M.

La causa de no haber en España poetas famosos, no es, como piensa Juan II Hagiense en el libro séptimo de sus Epigramas,

An vero paucis cum sis foecunda Poetis,
laudem de tumulo quaeris acerba meo,

sino el poco favor de los príncipes, tan diverso del que se usa en Italia y Francia, donde todos los reyes tenían un poeta que se llamaba regio, como se ve en Joannes Auratus, Leomovicense, en el Alemán y otros, y así en Italia florecieron tantos ingenios en tiempo de aquellos ínclitos y venerables Médicis, Cosme y Lorenzo, cuya memoria no faltará jamás del mundo, por Angelo Policiano y Pico de la Mirandola, y la de los insignes duques de Ferrara y la casa de Este, por Ludovico Ariosto, poeta en aquella nación aventajado a todos, aunque perdonen los críticos de España que celebran siempre más lo que menos entienden. El disfavor enfría el calor de los ingenios, como el cierzo las tempranas flores, y así no llevan fruto: la honra cría las artes, como el arte adorna y purifica la naturaleza, que cada uno siente privarse della, como lo afirma el filósofo en su Económica, y así tiene por opinión en las Éticas, que es premio de la virtud y del estudio. No niego que se quejaron Ovidio, Silio Itálico y otros poetas, remitiendo a sus cenizas su estimación, pero lo cierto es que la tuvieron viviendo, si bien no aquella que se pronosticaban fuera del límite de la vida donde la envidia no alcanza. Livio dijo que no sentían los hombres el peligro ni el trabajo de que sabían que les había de resultar honra y provecho. Muchos españoles han emprendido poemas heroicos de las hazañas de capitanes y príncipes, y desfavorecidos de sus sucesores los han dejado donde, con breve tiempo, las cubra olvido. De la República veneciana dijo Michael Leto en su libro De re nautica:

Venetum Respublica semper
vatibus aucta.

No lo dirán por la nuestra sus ingenios, entre los cuales, si tuvieran estimación o amparo, he conocido algunos que hubieran ilustrado nuestra nación con la elegancia de sus escritos; con la rudeza de mi ingenio (en mejores años que alcanzaron los pasadas versos) hubiera yo intentado alguna cosa digna de más nombre, pero viendo que los más echan por el camino cómico, he seguido con más gusto el agradecimiento provechoso que la opinión dudosa, y como un hombre que sueña, formando conceptos en figuras fantásticas. Entre las comedias que he escrito de las Sagradas historias, fue bien recebida La madre de la mejor, y así, dándola a luz, quise honrarla con el nombre de V. S., tan conocido al mundo, y pues siempre ha favorecido mis ignorancias, así en Italia como en España, le suplico no se tenga por deservido deste atrevimiento, por ser el sujeto de materia tan piadosa y santa, en que confío todas las faltas y defetos que hay de mi parte, pues hablando las leyes del contenido y del que contiene, dice que destructo continente currunt omnia in eo contenta. Yo tengo por más dignos de castigo y aborrecimiento los que, esperando dar alguna cosa grande, nunca dan nada. El divino ingenio de Usía, sus grandes letras y virtudes con que ha sido por tantos años un cristiano Demóstenes y un orador evangélico, no tienen necesidad de descubrirse al mundo ni en verso ni en prosa, como sería más conocimiento de su grandeza mirar al Sol que oír sus alabanzas. Las de Usía se remiten a su elocuencia, porque los heroicos ingenios se alaban a sí mismos con merecerlas, y pues no a todos los pintores permitió Alejandro su imagen, no serán tan vanos mis pinceles que presuman en esta breve tabla ser Eróstratos de la poesía, derribando la vida inmortal de su nombre del templo de la Fama, porque viva en el mío, pero en otras ocasiones más graves diré con Aurato:

> Condita quae servo maiora poemata vobis,
> in lucem ut veniant mox animosus ero.

Dios guarde a V. S. muchos años.

Su aficionadísimo y obligado Capellán,

Lope de Vega Carpio.

Personajes

Joaquín
Ana
Raquela
Bato
Liseno
Farés, pastor
Eliud, pastor
Isacar, sacerdote
Cleofás
Josef
Jacob, viejo
Gabriel, ángel
Zacarías
Isabel
Un Ángel
Dos judíos
Dos gitanos
Dos negros
La Música
El rey Herodes
Rubén, escriba
Josipo
Josefo, su hermano
El Dragón Infernal
Un Ministro suyo
Adán
Eva
David
Abraham
Abel

Jornada primera

(Sale Joaquín.)

Joaquín   Soberano Emperador
de los cielos y la tierra;
tú que para verlo todo
sobre el Querubín te asientas;
Dios, sin semejante alguno,
verdad y bondad inmensa,
padre de todas las cosas,
fortaleza y ciencia eterna,
admirable, incircunscripto,
cuya virtud y grandeza
solo cupiera en ti mismo;
Dios de la paz y la guerra,
solo bueno, solo santo,
a cuya hermosa presencia
las cristalinas columnas
del orbe estrellado tiemblan:
tú, donde tiempo y vejez
no pueden tener licencia,
porque es tu generación
de siglos eternos llena:
Dios sin principio, y de quien
todas las cosas comienzan;
Dios sin fin, y en quien se acaban,
como en soberana esfera:
anillo y círculo santo
que en la línea de tu esencia
tienes el principio y fin
sin que principio y fin tengas:
yo Joaquín, que, como sabes,
traigo noble descendencia

de la casa de David
y los Reyes de Judea,
del tribu sacerdotal
para mayor excelencia,
y de aquellos a quien diste
tu palabra verdadera
que dellos descenderías,
reiterando las promesas
dos mil y veintitrés años
después que hiciste la tierra,
a Abraham y al gran Jacob,
amante de Raquel bella;
prometo en tus santas manos,
si es bien que yo lo prometa,
como otras veces lo hice
en edad más justa y tierna,
de darte cualquiera cosa
que tú me des que te ofrezca
de Ana, mi esposa querida,
pues solo quiero que sea
para tu servicio y templo
cuando tanto bien merezca.
Veinte años hace, Señor,
que estoy casado con ella;
que obedeciendo tu ley
me casé con mi parienta;
ella viene de Belén,
yo vengo de Galilea;
ella es hija de los nobles
Estolano y Emerencia,
yo de Mathan y de Estha,
que en Sephor tuvo la hacienda;
no habemos tenido hijos;
has dado a su hermana Ismeria,

a Isabel, que Zacarías
tiene por amada prenda,
y a mi Ana no le has dado
hijo ni hija: ¡ay, si fuera,
pues lo parece en el nombre,
la madre de aquel Profeta
que fue sucesor de Elí!
Pero, Señor, solo sea
lo que fuere tu servicio
y tu voluntad inmensa.

(Salen Raquela, criada, y Bato, Villano.)

Raquela   ¡Nunca vinieras acá!

Bato   Denme lo que he menester,
que a la he que suelo ser,
huerte de salir de allá.

Raquela   ¿Quién te ha mandado venir
del monte? ¿Mejor no fuera
que Eliso o Fares viniera?

Bato   Reortir, que Reortir.
Muesamo me lo mandó
y me dijo: Venga Bato
de los pastores del hato,
que Bato me llamo yo.

Raquela   ¡Linda bestia llevarán
los dos a Jerusalén!

Bato   Por eso vais vos también
de las mozas que aquí están;

a la gana con que vengo
añadiréis voluntad.
¿Yo qué tengo en la ciudad?
Yo en las Encenias, ¿qué tengo?

   Si va a la fiesta Joaquín
como antaño y otros años
con Ana, y por los extraños
y deudos se huelga, en fin,
   Bato a solo trabajar
y llevar comida a cuestas.

Raquela   Sí en verdad, que en esas fiestas
no se sabe Bato holgar.

Bato   Sí, huelgo de ver el templo
fábrica de Salomón,
en quien tanta religión,
tantas grandezas contemplo.

   Mas de andar en la ciudad
antes me causa tristeza,
porque es mi naturaleza
el silencio y soledad.

   Entre seis toscos pastores
ando con mayor contento,
oyendo al rudo instrumento
dulces canciones de amores:

   las glorias, las alabanzas
de los cielos generosos
que con los frutos copiosos
exceden las esperanzas.

   No viendo en Jerusalén
hinchados sabios escribas,
doctos en las primitivas
leyes del santo Moisén.

No en corrillos de ignorantes
murmuradores de todo,
que como bestias en lodo
están sucios y arrogantes.
     Estos verás a la puerta
del templo en esta ocasión,
y no porque es la oración
cuidado que los despierta,
     sino para blasfemar
del que teme a Dios y ofrece
su hacienda a quien la engrandece,
vida y salud puede dar.
     Que hay hombre de tal ejemplo
y viciosa inclinación,
que tiene por invención,
rezar un hora en el templo.
     Nosotros, rudos pastores,
Raquela, humildes y llanos,
a los cielos soberanos
cantamos himnos y loores.
     Vaya en buen hora Joaquín
a las Encenias; que Bato
mejor estaba en el hato,
que es su natural, en fin.

Raquela   Quedo, que está aquí señor.

Bato   ¡Pardiez, que yo no le vía!

Joaquín   Tarde os amanece el día.

Bato   Entra el claro resplandor
                   del alba de mala gana
                 por resquicios de aposentos:

allá en los montes exentos
es todo el cielo ventana.

   Asómase todo el Sol
de una vez dorando ramos
de encinas, y madrugamos
a su primero arrebol.

   Chillan las aves, y en flores
del prado alaban su dueño,
que son para nuestro sueño
relojes despertadores.

   Corre el agua, y con enojos
de la noche resplandece,
que parece que se ofrece
para lavarnos los ojos.

   Y cayendo el cristal frío
por nuestro rostros villanos,
sirve de paño de manos
el Sol que enjuga el rocío.

   Así salen al ganado
los humildes pastorcillos;
que las sábanas son grillos
de cortesano acostado.

   Que su breve condición
de suerte se les olvida;
que la mitad de la vida
vienen a estar en prisión.

Joaquín   Bato, así dispone el cielo
                 las humanas voluntades,
                 los montes y las ciudades.

Bato   Más precio mi duro suelo
                    que los colchones de pluma
                 del que se come las aves,

y que sus doradas naves,
mi techo que fuego ahúma.
　Manda que me dé Raquela
lo que tengo de llevar.

Raquela　　　Ya lo acabo de juntar:
¿que cuidado te desvela?

Joaquín　　　Mira si mi Ana está
al camino apercibida.

Raquela　　　Ya pienso que está vestida.

Bato　　　Mi señora viene ya.

(Sale santa Ana.)

Joaquín　　　　¡Ana mía!

Ana　　　　　¡Mi Joaquín!

Joaquín　　　Es hora de que partamos.

Ana　　　Cuando quisiéredes vamos.

Bato　　　¡Qué cara de serafín!
　Que no dé el cielo a mi ama
dos o tres hijos siquiera:
¡pardiez, si estéril no fuera,
que era matrona de fama!

Raquela　　　　Harto lo ruegan al cielo.

Ana　　　La ofrenda, Joaquín, junté:

pésame que corta fue
para nuestro santo celo.
    De las tres partes que hacemos
de nuestra haciendilla poca,
al templo santo le toca
esta que hoy le ofreceremos.
    Y la segunda tendrán
los pobres y peregrinos,
que por extraños caminos
lejos de su patria van.
    La tercera se acomoda
al sustento de los dos,
y así se le ofrece a Dios
toda, que de Dios es toda.

Joaquín 　　Ana, corona dichosa
de mi cabeza, Ana santa,
ramo de tan alta planta,
mi dulce y querida esposa.
    Al templo, a Jerusalén,
vamos los dos a llevar
a las aras del altar
nuestras ofrendas también.
    Años ha que nos casamos
y que a Dios le prometemos
que si algún fruto tenemos
desde luego se le damos.
    Hagamos lo mismo ahora,
con una santa esperanza,
que es la que de Dios alcanza
altos efetos, señora.
    Y no vais con desconsuelo,
que algún día querrá Dios,
Ana, escuchar de los dos

el santo y piadoso celo.

Ana   Él sabe nuestra intención.

Joaquín   ¡Hola, Bato! En la pollina
             parda, que llano camina
             la mejor alfombra pon;
                 Raquela en esotra irá.
             Yo en la yegua quiero ir.

Bato   Antes de oírlo decir,
             todo aderezado está.

Joaquín   En el jumento que vino
             del monte lleva la ofrenda.

Bato   Y la comida y merienda,
             que es un famoso pollino.
                 Que como yo lo acomodo
             llevará carga más alta:
             solo murmurar le falta
             para ser bestia del todo;
                 es notable el jumentillo:
             no queda mejor allá
             en cuanto ganado está
             desde la sierra al sotillo.

(Váyanse y salgan Jacob y Cleofás y Josef y sus dos hijos.)

Cleofás   Deseamos que nos digas,
             padre, por qué es esta fiesta
             cada año en Jerusalén,
             y por qué se llama Encenias.

Jacob   Hijos Cleofás y Josef,
pues justamente desea
vuestro amor saber la causa,
sabed que la causa es esta:
después que el valiente Judas,
que de la nación hebrea
fue el capitán más famoso
que de aquella edad se cuenta,
con los demás Macabeos
venció a Lisias en la guerra,
matando cinco mil hombres
con tan alta fortaleza,
que si no huyera a Antioquía,
aún no supieran las nuevas;
vio la santificación
del monte Sión desierta,
profanado el altar santo,
los atrios llenos de hierba
como en los bosques y montes
donde el ganado apacienta,
rasgándose los vestidos,
y cubriendo las cabezas
de ceniza, con gran llanto
se postraron en la tierra,
y dando voces al cielo
resonaron las trompetas:
entonces el fuerte Judas
ordenó que combatieran
los que el alcázar tenían,
que era de Sión la fuerza;
en tanto que sacerdotes
que para este efecto ordena,
limpiaban el santo altar,
y consumiendo las piedras

hicieron otro de nuevo,
nuevos atrios, aras nuevas,
luces, inciensos y vasos,
el candelero y la mesa
donde pusieron los panes,
y a veinticinco que cuentan
del mes nono, que se llama
Casleu en la lengua hebrea,
ciento cuarenta y ocho años,
de la Egresión con gran fiesta,
cítaras, órganos, flautas,
la renovación celebran.
Duró la dedicación
ocho días, y las nuevas
aras con el sacrificio
dejaron de sangre llenas.
Por las cornisas del templo
mil coronas de oro cuelgan,
escudos, despojos, armas,
que desde aquel tiempo quedan
por trofeos de victoria,
y deste nombre se precian;
nuevos pastoforios hacen;
las puertas también renuevan,
limpiando al templo de Dios
de los gentiles la afrenta;
y ordenaron que cada año
en la israelítica iglesia
aquesta fiesta quedase
por obligación perpetua;
cercaron la gran Sión
de fuertes muros, y en ella
hicieron mil torres altas
que coronaron de almenas,

con ejército y presidio
contra la gente Idumea.
Esta es la fiesta, mis hijos,
y esto significa Encenias,
que es como renovación,
y a quien de tan varias tierras
viene la gente que veis
para dar gracias inmensas
al gran Dios desta victoria,
restauración de la iglesia.

Josef   Justamente, padre mío,
esta fiesta se ordenó,
y el pueblo gracias le dio
a quien mil gracias envío.
   Y justamente la gente
viene con tal devoción.

Cleofás   Desde el arroyo Cedrón
cubren de Sión la frente.
   Aquí hay gente de Betel,
del Tabor, de Galilea,
de los montes de Judea,
de Senir y de Genel,
   de la parte del Jordán
los de Moab y de Nebo.

Josef   Hoy, padre, he visto un mancebo
que me dijo que aquí están
   mis tíos Joaquín y Ana.

Jacob   ¿Pues ellos faltan jamás?
En el templo los verás
si no esta tarde, mañana.

Josef	A buscarlos quiero entrar.
Jacob	No perturbes su oración.
Cleofás	Voces dan.
Josef	Será quistión.
Cleofás	El sacerdote Isacar y el que escribe las ofrendas (Rubén pienso que es su nombre), arrojan del templo un hombre ya viejo y de buenas prendas.

(Sale Isacar. sacerdote, y Rubén, escriba, y Joaquín rempujándole.)

Isacar	¿Desta manera sin razón te ciegas,
	hombre inútil, a hacer tan gran delito?
	¿Al altar del Señor a ofrecer llegas
	tus dones, siendo estéril y maldito?
	¿Por qué si de tu carne y sangre niegas
	fruto divino a Dios, fruto bendito?
	Parece que en tus bodas no lo fuiste,
	ni que sus bendiciones mereciste.
	  Antes parece que entre el pueblo junto
	de Israel, puso en ti con ira y saña
	sus santos ojos, pues en este punto
	tu estéril condición nos desengaña;
	tú del inútil álamo trasunto,
	ingrato al río que los pies le baña,
	todo te vistes de menudas hojas
	con que sus aguas por Diciembre mojas.
	  No permitiera Dios si te estimara

esta vil ceguedad que en ti contemplo,
que el fruto que tus canas alegrara,
fuera de amar tu bendición ejemplo;
¿quién sino tú con los demás entrara
que se le ofrecen en el santo templo?
Pues la vergüenza en ti correrse debe,
que no tiene color entre tu nieve.

   ¿Esperarás por dicha, loco y vano,
cuando ya el tiempo te convierta en hielo,
que mude estilo y proceder humano,
y retroceda por tu curso el cielo?
¿Flores esperas en invierno cano,
coger esperas de arenoso suelo
verdes espigas, o ignorante y loco,
esperas mucho y naces para poco?

   No tengas desde hoy atrevimiento
de entrar en este templo sacrosanto:
tu ofrenda no ha de dar a Dios contento,
pues con el fruto recibiera tanto.
Sal fuera deste pórtico al momento:
sal fuera, sal de presto.

Joaquín   No levanto
los ojos de la tierra de vergüenza,
y porque el llanto a responder comienza.

Rubén   Este debiera estar escarmentado,
Isacar, de mil veces que ha venido,
pero es anejo al necio el porfiado,
que sin porfía no lo hubiera sido.

Isacar   Si Dios le diera fruto deseado
como él dice a sus manos ofrecido,
entonces venga al templo, mas no venga

hasta que el fruto que le falta tenga.

Rubén   ¿Ahora quieres que éste espere fruto?
Parece que le pides al enebro,
al sauce, o al boj pálido y enjuto.

(Vanse los dos.)

Joaquín   Con triste llanto mi dolor celebro:
vístase el alma de perpetuo luto:
las duras peñas que llorando quiebro
me sepulten en sí, si está ofendido
el cielo santo, a quien remedio pido.
    Mis parientes me han visto echar del templo
y mi hermano Jacob, aunque de madre,
está mirando mi lloroso ejemplo
sin ver consuelo que a mi llanto cuadre;
con la paciencia las afrentas templo.
¡Ay Dios! No merecí llamarme padre:
estéril soy, inútil soy. ¡Dios mío!
Lágrimas y no quejas os envío:
    Que aunque del agua el natural pesado
ha de bajar al centro, que es la tierra,
la del llanto, al contrario, el estrellado
cielo penetra para daros guerra;
cuando una fuente desde un monte helado,
por un conducto al arca que la cierra
baja veloz lo mismo que desciende,
ligera sube, y alcanzar pretende,
    y así mis ojos en la tierra puestos,
bajan, Señor, hasta el profundo el llanto,
para que puedan hasta vos dispuestos
subir el agua a vuestro cielo santo.
Las afrentas, oprobios y denuestos

que aquí me han dicho no me ofenden tanto
como ver la vergüenza de mi esposa,
honestísima, santa y religiosa.

    No queráis vos que yo le dé la culpa
y que por esa causa la aborrezca:
el sacerdote santo a mí me culpa,
y así es razón que yo el dolor padezca.
No quiero dar con la mujer disculpa,
ni que mi culpa a la de Adam parezca.
Yo solo soy culpado, y así digo
que merece Joaquín todo el castigo;

    Ana es buena, Señor: yo soy el malo,
Ana es Santa, Señor: yo quien no tiene,
aunque casado, el natural regalo
que por los hijos a los padres viene:
con estériles árboles me igualo,
y así vivir en montes me conviene:
no quiero ver la cara de mi esposa
por no la ver llorando o vergonzosa.

    Al monte quiero ir: no es bien que vuelva
a Nazarén, ni que a mi casa torne:
pase mi vida en una casa o selva
como el estéril boj, enebro y borne;
en esto es bien que mi dolor resuelva,
pues Dios no quiere que su templo adorne
de una imagen bendita que le ofrezco,
y que por mis pecados no merezco.

    Allí solo tratando mis pastores
esperaré la muerte con paciencia,
pues a la bendición de mis mayores
no dio lugar mi estéril descendencia;
las peñas dan cristal, las plantas flores,
yo solo, a quien de todos diferencia
el puro cielo, no doy flor ni fruto;

llorad, ojos, llorad mi eterno luto.

(Vase.)

Jacob   ¿Hay compasión semejante?

Josef   ¿Por qué no hablaste, Joaquín?

Jacob   ¡Ay, José, por verle en fin
para ablandar un diamante,
  no quise, si no me vio,
crecer su vergüenza justa!

(Sale santa Ana.)

Ana   A quien de trabajos gusta,
los mismos le ofrezco yo,
  ojos, dad muestras aquí
de mi justo sentimiento.

Jacob   Todas mis penas aumento;
Ana es aquesta.

Ana   ¡Ay de mí!
    Pero ¿no es este Jacob
y mis sobrinos?

Josef   Señora,
pedid la paciencia ahora
al cielo, del santo Job.
    Presentes hemos estado
a vuestra vergüenza y pena.

Ana   De confusión vengo llena

y el rostro en llanto bañado.
    Vi la vergüenza que había
aquí mi Joaquín pasado,
vile corrido y turbado,
y todo por culpa mía.
    ¿Dónde fue? ¿Por qué, sobrinos,
no le detuvisteis?

Josef   ¿Quién
tuviera a un hombre de bien
en sucesos tan indignos?
    Ni mi padre quiso, tía,
ni Cleofás, ni yo, en razón
de no darle confusión
a quien con tanta venía.
    Solo le oímos decir
que en el monte quiere estar,
que no se atreve a esperar
lo que vos podéis sentir.
    Sin duda con sus pastores
hasta el verano estará.

Ana   Al monte Joaquín se va
para crecer mis dolores.
    ¡Triste yo! ¿Qué haré sin él
qué haré sin él y sin mí
que sé que la causa fui
desta desdicha cruel?
    No quiso Dios darme fruto
de bendición.

Jacob   Ana ilustre,
de tus padres honra y lustre,
no des tan rico tributo

de tus ojos a la tierra,
vuelve a tu casa, que Dios
os consolará a los dos.

Ana

Si Joaquín se va a la sierra,
    a una heredad quiero irme;
no he de volver a mi casa,
porque si él la vida pasa,
para no verme ni oírme,
    en tan dura soledad,
no quiero yo compañía.

Josef

Yo quiero, señora tía,
no solo por la ciudad,
    mas por el camino todo
ir con vos.

Cleofás

    Todos iremos,
Josef, pues todos tenemos
esa obligación de un modo.
    Ea, señora, consuelo
y buen ánimo.

Jacob

    Mi Ana,
nunca fue esperanza vana
la que se puso en el cielo.
Venid con nosotros.

Ana

    Llena
de lágrimas voy, en fin.

Josef

Calle, tía.

Ana

    ¡Ay, Joaquín,

solo siento vuestra pena!

(Vanse, y salen Liseno, Farés y Eliud, pastores.)

Liseno   Él viene con tal tristeza,
que no sé en qué ha de parar.

Farés   Con la edad suele mudar
el hombre naturaleza.
    La que él tiene ya sabéis
que está sujeta a sentir
las vísperas de morir,
que es la causa porque veis
    siempre tristes a los viejos.

Eliud   Luego esos son los engaños,
porque quitarse los años
tienen por buenos consejos.
    Veréis un hombre que dice
que tiene cosa de treinta,
y con cara de setenta
él mismo se contradice.
    Los dientes se bambalean,
porque cada vez que abra
la boca, a cualquier palabra
todos juntos se menean.
    Tanto, que el que habla con él
teme que le dé con ellos,
y porque son los cabellos
de cecina como él;
    se quitará cuarenta años
y tratará casamientos
con notables pensamientos
y con notables engaños.

Haráse rico, y dirá
que no se pudre de nada,
y vésele por la ijada
que hasta en el alma lo está.
¡Pardiez, que larga vejez
no es grande merced del cielo!

Liseno   No es Joaquín muy viejo, apelo.

Emud   No de su pelo esta vez.
¿Qué puede un hombre tener
con hacienda, con amigos,
con paz y sin enemigos,
y con hermosa mujer?

Liseno   Años, y ver que los años
se van acercando al fin.

Farés   Santísimo es Joaquín:
todos habláis con engaños.
En templo y en pobres parte
su hacienda, todos sabéis,
que negarlo no podéis,
que guarda la menor parte
para su familia y casa;
también sabéis su oración,
su ayuno, su devoción,
su caridad con quien pasa
alguna necesidad.

Liseno   ¿De qué te espantas, Farés?
Condición del mundo es
juzgar con temeridad.
Verás el otro vicioso,

sin Dios, sin ley, sin razón,
guiado de su pasión
y del que es bueno envidioso,
    decir que es hipocresía
no ser uno deshonesto,
soberbio ni descompuesto
a la misma policía.
    De las costumbres morales
murmurador, lisonjero,
con el señor chocarrero,
y falso con los iguales.
    Y porque se arrepintió
de las mujeres y el juego,
y, como Eneas, del fuego
el alma en hombros sacó,
    matársela con deshonras,
que todas quedan en ellos,
porque los malos son ellos
y Dios, autor de las honras.
    Así, Joaquín siempre bueno,
que él no ha tenido en su vida
cosa que reprehendida
pueda ser de vicio ajeno,
    deste y de otros ignorantes
es juzgado por medroso
de la muerte.

Eliud
                Al virtuoso
de costumbres semejantes
nadie debe murmurar;
pero la virtud se nombra
Sol de quien la envidia es sombra.

Liseno   Bato acaba de llegar:

no nos oiga tratar desto.

(Sale Bato.)

Eliud

¡Oh Bato! ¿qué es la razón
de la grave confusión
en que Joaquín nos ha puesto?

Bato

No falta, amigo Eliud,
Liseno y Farés, por qué
Joaquín santo triste esté.

Farés

Dilo, que tengáis salud.

Bato

¡Qué queréis! De Nazarén
salió con Ana, su esposa,
para la fiesta famosa
de la gran Jerusalén.
Llegamos, entró en el templo,
y el sacerdote Isacar,
que de piedad suele dar
y modestia santo ejemplo,
por estéril le arrojó
con palabras descompuestas
a quien lágrimas honestas,
no palabras respondió.
Dejó su esposa, y aquí
viene a buscar soledad.

Farés

Él viene.

Liseno

Todos llegad.
¿Queréis que le hable?

Liseno   Sí.

(Sale Joaquín.)

Eliud   Alzad los ojos del suelo,
               patriarca generoso,
               pues sabéis que Dios no hizo
               para la tierra los ojos.
               Si lloráis sobre esas canas,
               pensarán campos y sotos
               que sois viento de agua y nieve
               y habéis de anegarlos todos.
               Alegraos porque piensen
               que sois Céfiro y Favonio
               que traéis las varias flores
               que espira su blando soplo;
               mirad que vuestros ganados,
               ya con los balidos roncos
               se quejan de veros triste,
               siendo vos su dueño solo;
               mirad que las claras fuentes
               murmuran por los arroyos
               que les hurtáis el oficio,
               haciéndolos por el rostro;
               el eco triste repite
               vuestras quejas temeroso,
               y entre las alas del viento
               huye lejos de nosotros.
               ¿Qué tenéis, qué os falta? Hablad.

Liseno   Bien dice. Alegraos un poco:
               poned la vista, Joaquín,
               en estos prados hermosos:
               mirad cómo está el ganado

36

con salud, alegre y gordo,
que junto parece nieve
sobre renuevos de chopos;
mirad las traviesas cabras
trepando entre aquellos pobos,
que parece que se cuelgan
de aquellos ramos hojosos;
mirad rumiando la hierba
dese pradillo oloroso
vuestras parideras vacas
y vuestros manchados toros.
Ea, señor, no haya más.

Farés   ¡Oh, patriarca famoso,
descendiente del pastor
que dio con la piedra al monstruo
  a quien cantaban la gala
cuando volvió victorioso!
Mandad algo a vuestros siervos,
puesto que pastores toscos,
que para alegraros hagan
en todo aqueste contorno,
y no estéis triste, señor.

Bato   Ea, señor amoroso,
señor bueno, señor santo,
señor que en nobleza os pongo
al igual de aquellos Reyes
que del soberano tronco
de José tienen principio,
y de aquel divino Apolo
que con el arpa a Saúl
sacó del pecho el Demonio,
dad a este campo alegría

y a vuestros pastores gozo:
volved los ojos a ver
montes, prados y rastrojos,
cabañas, dehesas, fuentes,
huertas, viñas, pagos, pozos;
todo os ofrece sus frutos,
los montes altos, copiosos
robustos robles, y encinas,
castaños y sicomoros,
nogales, abetos, pinos,
jaras, enebros, madroños,
nísperos y cornicabras,
alcornoques, murtas, hornos,
palmas, tejos, acebuches,
laureles y cinamomos.
Los prados, hierbas y flores,
tomillos, mastranzos, olmos,
narcisos, violetas, trébol,
lirios azules y rojos.
Las huertas, frutos famosos
por el Junio caluroso,
la manzana envuelta en sangre,
y por otra parte en oro:
el rojo trigo las eras,
por la mitad del Agosto:
las blancas y negras uvas,
a la entrada del otoño,
las viñas, que en anchas cubas
rebose cociendo el mosto;
mirad que os cantan las aves
los más celebrados tonos
que vio la solfa del mundo
desde que Tubal famoso
puso a las cítaras cuerdas,

mano al órgano sonoro,
y del martillo tomaron
las voces, estilo y modo:
ea, señor, alegraos.

Joaquín

Hijos, vosotros sois mozos:
bien os está el alegría;
que yo la tristeza escojo
para mi cansada edad,
que es el alivio que tomo;
dejadme solo un momento,
que renováis mis enojos
con decirme que me alegre.

Bato

Perdona. que bien conozco
la razón de tu dolor.

Joaquín

Bien me pesa por vosotros.

Bato

Vamos, zagales, al prado,
que está ladrando un cachorro:
sin duda el lobo ha sentido:
¡guarda el lobo!

Todos

¡Guarda el lobo!

(Vanse.)

Joaquín

¿A dónde, claras fuentes,
hallará mi dolor consuelo en tanto
que están vuestras corrientes
suspensas a la furia de mi llanto,
pues no hay cosa que mire,
que no me obligue el alma a que suspire?

Si aquella palma veo,
con la de enfrente, un siglo habrá, casada,
está para trofeo,
de racimos de dátiles cargada,
que parecen, maduros,
ambares rojos y topacios puros.
　　Si miro aquel madroño cuando el
invierno asoma a los umbrales
del sazonado otoño,
parece de esmeraldas y corales,
esmeraldas las hojas,
y de puro coral las cuentas rojas.
　　Si miro aquellas parras
que esta cabaña adornan, y que trepan
por moradas pizarras,
apenas hallan sitio donde quepan
racimos tan escasos,
que revienta el licor de verdes vasos.
　　Si miro las espigas,
hallo de un grano proceder cien granos,
para que sus fatigas
alivie el labrador, entre las manos
la hoz, por cuyos dientes
muere la caña y viven tantas gentes.
　　¿Quién volverá los ojos
a ver los nidos de las libres aves,
tan llenos de despojos,
unas con picos dulces y suaves,
ensartando el sustento,
por el estrecho suyo al pollo hambriento?
　　Otras sobre los huevos,
dando calor y vida a quien faltaba;
otras buscando cebos:
pues que si miro a toda fiera brava,

¿qué tigre, qué leona,
los tiernos hijos al amor perdona?
   Yo solo solamente
carezco deste bien por mis pecados.
¡Ay, Dios omnipotente,
si os doliesen mis ansias y cuidados,
y si llegase un día
que los tuviese de la prenda mía!

(Sale un Ángel en hábito de mancebo.)

Gabriel   ¿Qué haces aquí, Joaquín?
¿No fuera mejor volver
a vivir con tu mujer,
   que es tu sangre y carne, en fin,
que no estar en la montaña
entre rústicos pastores?

Joaquín   ¡Qué divinos resplandores!
¡Su luz estos montes baña!
   Ya, generoso mancebo,
veinte años he vivido
con mi mujer; que no ha sido
mi desposorio tan nuevo.
   Dióme la santa Emerencia
a Ana, mi amada esposa,
tan hermosa y virtuosa,
que lloro y siento su ausencia.
   Ofrecíle a Dios el fruto
que de bendición me diese,
mas como no mereciese
darle este santo tributo,
   del templo me han arrojado
por estéril y maldito,

y así me vine al distrito
de mi rústico ganado.

    Aquí estoy con mis pastores;
desde aquí le daré a Dios
de las tres partes las dos
de mi ganado y labores.

    Que no quiero yo volver,
pues sé que su celo es santo,
a ver bañados en llanto
los ojos de mi mujer.

Gabriel

    Joaquín, no temas, yo soy
Gabriel, de la jerarquía
de aquellos que Dios envía,
y que en su servicio estoy.
Él me manda que te diga
que ya vuestras oraciones,
vuestras limosnas y dones,
con que Dios tanto se obliga,

    han llegado a ser acetas
de su sacra Majestad,
porque ve vuestra bondad
y las cosas más secretas.

    Él ha visto el gran dolor
y vergüenza que pasasteis;
mucho su pecho obligasteis
con tal paciencia y valor.

    Y está cierto que permite
tal vez sin generación
muchas que estériles son,
porque las sospechas quite

    que de apetito nació
lo que es por milagro raro;
como es ejemplo tan claro

Sara cuando a Isaac parió.

   Mira a la hermosa Raquel,
de su Jacob tan querida,
pariendo al fin de su vida
a José, luz de Israel,

   y al querido Benjamín,
y mira a Rebeca hermosa,
estéril infructuosa,
y madre dichosa en fin

   del más fuerte de los hombres
que fue santo Nazareno
porque del ejemplo ajeno
te alegres y no te asombres.

   Si Ana parió a Samuel,
a esterilidad sujeta,
fue porque tan gran profeta
se manifestase en él.

   Así, sabrás que de ti
concebirá tu mujer
una que Madre ha de ser
de Dios, que lo quiere así.

   Esa llamaréis María
y será santificada
en su concepción sagrada,
dando a la tierra alegría

   su dichoso nacimiento,
porque el Espíritu Santo
le ha de dar su gracia, y tanto
favor, lustre y ornamento,

   que sera siempre bendita.
Esta sola, y sin ejemplo,
vivirá en el santo templo,
y con Dios que en ella habita.

   No ha de estar entre la gente

del pueblo: aparte ha de estar,
que la quiere Dios mirar
más alta y secretamente.
  La señal desta verdad
es que a la puerta dorada
hallarás tu esposa amada
en la sagrada ciudad.
  Ve, que yo la avisaré,
y al instante la hallarás.

Joaquín   Ángel santo, ¿ya te vas?
Deja que mil besos dé
  en la fimbria celestial
desta ropa soberana;
¡dichosos Joaquín y Ana,
que han de verse en gloria igual!
  ¡Oh! ¡Bien haya el haber sido
estériles, y el dolor
que me ha dado aquel rigor
del sacerdote ofendido!
  ¡Yo hija de tal grandeza,
que el mundo se ha de alegrar,
y en quien Dios quiere mostrar
su gracia y su fortaleza!
  ¡Yo hija hermosa y María,
y que ha de ser para Dios!,
¿cuánto merecisteis vos,
Joaquín, tan alta alegría?
  ¡Hola, pastores!

Bato   ¡Señor!

(Salen pastores.)

Joaquín	Yo voy a Jerusalén.
Bato	Yo voy también.
Joaquín	¿Tú también?
Liseno	Siempre le has hecho favor.
Eliud	¿Estás alegre?
Joaquín	Y de forma que me admiro de que vivo con gozo tan excesivo, que en sí mismo me transforma.
Eliud	¿Pues no nos dirás lo que es?
Joaquín	Estoy de prisa, pastores; iea, Bato, a los mejores cabritos ata los pies! Pon tres o cuatro corderos, queso y fruta, y ven tras mí.
Eliud	¿Qué es esto?
Bato	Yo no lo vi.

(Vase Joaquín.)

Eliud	Por todos estos senderos juraré que no ha venido un hombre.
Liseno	Con nadie habló.

Bato	¿Queréis que lo diga yo?
Liseno	Sí.
Bato	Lo que Dios fuere servido.

(Vanse, y salen Josef y Rubén.)

Josef
    He vuelto a Jerusalén,
siempre de extranjeros llena,
a negocios que me ordena
mi padre, amigo Rubén.
    Y por haberos hallado
doy gracias a Dios, pues creo
que me igualáis en deseo.

Rubén
Serviros he deseado.
    Josef, yo vivo en Sión,
si mi pluma os hace al caso,
la vida en su alcázar paso,
que sé que de Salomón
    sois ilustre descendiente.
Puesto que ahora os desvela
el oficio del azuela
y el cepillo humildemente;
    pero también fue David
pastor, y después rey,
y de la cabra y el buey
fue capitán, fue adalid.
    Y nuestro santo Moisén
bien sabéis que fue pastor.

Josef
La virtud es el honor

que ensalza a los hombres bien.
   Yo con mi sierra y cepillo
vivo contento en mi aldea:
esto quiere Dios que sea,
a cuyo gusto me humillo:
   id en buen hora y mirad
de lo que os puedo servir.

Rubén   Que no dejéis de venir,
buen Josef, a la ciudad,
   y a mi casa como a vuestra.

Josef   Guárdeos Dios.

Rubén   El mismo os guarde.

Josef   Arde el Sol: allá a la tarde
será la partida nuestra.
   Esta es la puerta Dorada;
mas, ¡ay Dios! ¿qué es lo que veo?

(Salen Joaquín y Bato por una parte, y santa Ana con Raquela por la otra.)

Ana   Ya cumple Dios mi deseo,
dulce esposo.

Joaquín   ¡Esposa amada!

Ana   ¡Mi Joaquín!

Joaquín   ¡Ana querida!

Ana   ¿Quién te trajo?

Joaquín	Quien a ti.
Ana	¿Sabías que estaba aquí?
Joaquín	Del monte fue mi partida en tan santa confianza.
Ana	¡Cuánto puede la oración!
Joaquín	Dame esos brazos, que son el puerto de mi esperanza.

(Baje un Ángel, por una invención, que los ponga las manos en las cabezas, y canten dentro:)

> Deste alegre día,
> desta junta bella,
> nacerá María,
> de Jacob estrella.

(Tornan a tocar y sube el Ángel.)

Josef	A daros el parabién bien puede Josef llegar.
Joaquín	Y lo puedo yo pagar con estos brazos también.
Josef	¿De dónde bueno los dos?
Joaquín	Del monte vengo, sobrino; que este dichoso camino es por voluntad de Dios.

Ana	Yo vengo de mi heredad, y con la misma he venido.
Josef	Dichoso en hallarme he sido en esta santa amistad. Juntos nos iremos hoy.
Bato	¿Qué hay, Raquela?
Raquela	Ya lo ves.
Bato	Bullendo me están los pies: por dar un relincho estoy.
Raquela	¿Traes que comer?
Bato	Muy bien.
Joaquín	Ea, mi esposa: partamos a nuestra casa, y vivamos con paz santa en Nazarén.
Ana	Pensando voy en María.
Joaquín	No me canso de pensar en María, que ha de dar a todo el mundo alegría. Mas solo en esto me fundo, que queriendo Dios hacer de su mano una mujer, será la mayor del mundo. Y siendo de tal valor, tal fruto después tendrá, que Ana su madre será,

la madre de la Mejor.

Fin de la primera jornada

Jornada segunda

(Salen Liseno, Farés y Eliud, pastores.)

Liseno

          Decienda, Farés, al río

        poco a poco ese ganado.

Farés

        Goloso del verde prado,

        anda saltando el cabrío;

          ¡Rita, acá! Por la ladera,

        verá el manso donde va.

Eliud

        No le deis prisa, que ya

        pisa la blanca ribera.

(Dentro se haga ruido de ganado con esquilas y con cencerros, como que baja a beber.)

Liseno

          Los vaqueros bien pudieran

        tener las vacas un rato,

        hasta que bebiera el hato.

Farés

        Jamás a que beba esperan:

          verá, pues, donde se queda

        aquel carnero manchado.

Eliud

        Tírale piedra o cayado.

Liseno

        No hay mejor puesto en que pueda

        beber a gusto, que aquel

        por bajo del olivar.

Eliud

          Ya poco deja el lugar

        nuesamo y Bato con él.

Liseno	Después que Dios fue servido
	de dar milagrosamente
	fruto a su esposa, no siente
	si hay ganado o si hay perdido.
	Al principio imaginé
	que no pasara adelante,
	pero fruto semejante
	ya tan adelante fue,
	que está cerca de parir.
Farés	A la cuenta si estará,
	que nueve meses habrá
	que Joaquín trató de ir
	con Bato a Jerusalén,
	donde en la puerta Dorada
	halló su mujer amada
	que le esperaba también.
Liseno	Linda paz de los casados
	son los hijos.
Eliud	Lazos son,
	que uno y otro corazón
	tienen para siempre atados.
	Donde no hay hijos, no hay gusto,
	paz, sosiego, ni quietud.
Farés	¿Es aquel Bato, Eliud?
Eliud	Paréceme más robusto:
	pero ¡voto al Sol! que es él
	si el deseo no me engaña,
	mas que viene a la montaña

por cabritos, queso y miel.
  ¿A dónde bueno perdido?

(Sale Bato.)

Bato

Dios guarde la buena gente;
paz, salud y vida aumente.

Liseno

Bien vengas; ¿a qué has venido?
  ¿Qué tenemos por allá,
hijo o hija?

Bato

Aún no ha llegado
aquel parto deseado
que el mundo esperando está.
  Y puedo decirlo bien,
pues a milagro se tiene,
y así del contorno viene
mucha gente a Nazarén
  a visitar la preñada,
que tiene tanta hermosura,
que muestra que es la criatura
alguna cosa sagrada.
  Loca está la parentela,
de pensar e imaginar
que algo quiere Dios obrar,
pues tantas cosas revela.
  Que como quien quiere hacer
unos palacios reales,
va juntando materiales
que dan su intento a entender.
  Así parece que aquí,
aunque Dios no se declara,
casa y palacios prepara;

lo demás no es para mí.
   Que esto y otras cosa tales
oí decir a Joaquín,
mirando aquel serafín,
con mil rayos celestiales.
   Él, en efecto, me manda
que venga alegre al ganado,
y para este deseado
parto que en vísperas anda,
   algunos regalos lleve;
que vendrán deudos a casa,
y como no es casa escasa,
quiere cumplir lo que debe
   a su justa obligación
y al regocijo del día.

Eliud   Parece que en alegría
nos bañas el corazón.
   No dudes, sino que Dios
algunos cimientos funda,
pues que la estéril fecunda.

Farés   Siendo tan santos los dos,
   claro está que lo ha de ser
lo que dellos procediere.

Bato   Farés, no es justo que espere:
luego me pienso volver;
   vengan algunos cabritos
y los más gordos corderos,
miel de olorosos romeros,
quesos de la encella escritos,
   y fruta seca, si alguna
tenéis en vuestra cabaña.

Farés	Lo que hubiere en la montaña
	lleva a aquella blanca Luna.
	Y dile, Bato, a señor,
	que dé aviso a quien los ama,
	luego que para nusama,
	si quiere hacernos favor.
	Porque habemos de ir allá
	a regocijar la fiesta,
	y cada cual con su cesta
	de lo que tuviere acá.
	Que solo en oír decir
	que Ana ha de parir, no hay hombre
	que no se alegre del nombre
	sin saber que ha de partir.
	Ven y escoge a tu contento
	cuanto hay bueno en el ganado.
Bato	De Joaquín es, Dios loado,
	y con qué notable aumento:
	vamos, y estad prevenidos
	de instrumentos pastoriles,
	de flautas y tamboriles
	y de salterios polidos.
	Aderezad castañuelas,
	y panderos, y sonajas;
	que nos hemos de hacer rajas.
Eliud	Todo este monte consuelas
	con prometerle ese día.
Bato	Dichoso el vientre fecundo
	que promete a todo el mundo
	tanta paz, tanta alegría.

(Sale santa Ana y Joaquín.)

Joaquín
                No me canso de decir
requiebros al vientre santo,
mas ¿quién puede decir tanto,
ni tanto puede sentir,
si lo que habéis de parir,
Ana hermosa, es una estrella
que Dios quiere hacer tan bella?
Cualquiera encarecimiento
dará muestras del contento,
mas no de igualar con ella.
   ¡Bendito el dichoso día,
Ana mi mujer amada,
que os vi en la puerta Dorada,
del oro de mi alegría!
   Cuando pienso que María
hoy vive dentro de vos,
y procede de los dos,
querría estar de rodillas,
porque tantas maravillas
todas van llenas de Dios.
   A la esfera de la Luna
parece ese vientre santo,
Luna que ha de crecer tanto,
sin tener mengua ninguna,
Luna hermosa, que si alguna
luz al Sol ha de tener,
esta pienso que ha de ser,
porque Dios ha prevenido
muchos hombres que han nacido,
mas no como esta mujer;
   y pues Dios mujer previene,

no sé si piense que sea
esta aquella que desea
el mundo, y que el tiempo viene
que la frente quebrar tiene
su planta al dragón inmundo.
Que hacer lo estéril fecundo
y no siendo hombre el que nace,
sin duda es arca que hace
para que se salve el mundo.

Ana   Dulce esposo, el alegría
que comunica a mi pecho
esta prenda que le ha hecho
un cielo desde aquel día,
esta divina María
que el Ángel nos anunció,
mil pensamientos me dio
viendo tanta gloria en ella,
si es del claro Sol la estrella,
y el alba vengo a ser yo;
mas como mi indignidad
bate las alas al suelo,
dejo, mi Joaquín, al cielo
del secreto la verdad.

Joaquín   Donde tanta claridad
se muestra, luz hay oculta.
La indignidad dificulta
nuestros mortales despojos;
mas luz que abrasa los ojos,
si no es Sol, ¿de quién resulta?
Vos parecéis un cristal,
María una lumbre clara
que su resplandor declara,

y resplandor celestial.
Con esta misma señal
nacieron Isaac, Sansón,
Josef y Samuel, que son
hombres en fin; mas el día
que Dios promete a María,
Dios tiene más ocasión.
   ¡Oh quién serviros pudiera
igualando a su deseo,
que rico y pobre me veo,
rico por lo que quisiera,
y pobre, porque no fuera
el mundo regalo dino!

(Sale Raquela.)

Raquela   Aquí ha entrado tu sobrino.

Joaquín   ¿Cuál dellos?

Raquela   Josef.

Joaquín   Pues entre.

(Sale Josef y un pastor con una cuna nueva.)

Josef   Que aquí juntos os encuentre
quiso Dios, porque el tributo
rinda alegre al dulce fruto
de tan casto y santo vientre.
   Tíos de mi corazón,
tomad con pecho sincero,
deste pobre carpintero,
no el presente, la intención.

De David y Salomón
desciendo, mas mi humildad
no heredó la majestad,
que si su cetro tuviera,
del mar de Ofir os rindiera
más oro mi voluntad;
   cuando supe que sabéis,
desde aquel dichoso día,
que habéis de llamar María
al tesoro que tenéis,
y que mil siglos gocéis,
no sé qué me dio en el alma
que me dejó todo en calma,
y dijo toda gozosa:
¿De quién ha de ser esposa
esta soberana palma?
   Diome, aun antes de nacida,
mi prima tanta afición,
que en medio del corazón
la tengo toda esculpida,
y así a la niña querida,
niña en los ojos de Dios,
por serviros a los dos,
quise labrar una cuna
para aposentar la Luna
deste cielo que sois vos.
   Busqué luego, amada tía,
unas tablas de ciprés,
y hallé luego dos o tres,
y dije: ¡Por vida mía,
que habéis de hacer a María
la primer cama que tenga,
en tanto que la prevenga
otras grandezas el cielo;

que no es posible que al suelo
para menos glorias venga!
    Llega, Elí; perdonad, tíos,
pues sois tan santos y llanos,
que esto labre con mis manos;
porque los deseos míos,
de los ébanos sombríos
y el terso marfil bruñido,
quisieran que hubiera sido,
o que toda un nácar fuera,
porque quien tal perla espera,
tal caja hubiera tenido.
    Quisiera daros cortinas
de tela, y cielo de cielo;
que brocado y terciopelo
parecen cosas indignas;
esto ofrezco a sus divinas
prendas, en que el alma enseño,
que si de más fuera dueño,
más le hubiera presentado,
pero Sol tan disfrazado
ande en carro tan pequeño.

Joaquín   Josef, de vuestra intención
estamos bien satisfechos,
y vos sabéis nuestros pechos,
y en qué grado vuestros son.
La cuna ha sido invención
muy vuestra, imitando el arca
de aquel santo Patriarca,
en que la paloma viva
que traiga la verde oliva,
que cielos y tierra abarca.
    Mil cosas, con el contento,

digo que apenas las sé,
y que decillas no fue
más causa que el sentimiento,
y para agradecimiento
os digo, Josef querido,
que habéis la barca traído
donde la estrella del mar
ha de salir a guiar
al navegante perdido.
    Y añado, por más consuelo,
y de vuestro amor ventaja,
que habéis labrado la caja
para la joya del cielo.
Y digo con santo celo,
movido de Dios por vos,
que esta joya de los dos
ha de ser tan rica y bella,
que se ha de engastar en ella
el mismo diamante Dios.

Josef   En el nombre de María
tantas virtudes se ven,
que sus letras dicen bien
qué joya y qué piedras cría:
por la M, se podría
decir que esta joya hermosa
es margarita preciosa.
Por la A, que es amatiste,
que de azul claro se viste,
del cielo color celosa.
    Que rubí muestra la R,
de color subido y fino.
La I, que es bálsamo divino,
que no hay mal que no destierre.

Con la A, será alectoria,
piedra de honor y memoria.
Mirad si es joya bastante
para engastar el diamante
que la corona de gloria.

Ana   Joaquín, un nuevo accidente
me ha dado.

Josef   Aquí está Raquela.

Ana   Aunque accidente consuela
y con templanza su frente.

Raquela   Pues, señora, prestamente
ven conmigo.

Ana   Esposo mío,
en aquel gran Dios confío
de mi esperanza el efecto.

(Vanse, poniendo las Manos en los hombros de Raquela.)

Joaquín   El fruto otra vez prometo,
y desde aquí se le envío.

Josef   Joaquín, yo voy a avisar
a mi casa, porque sé
que a Jacob no le podré
mejores nuevas llevar.
Que os viniera a visitar
quisiera, mas no anda bueno.

Joaquín   El cumplimiento condeno

y considero el amor.

Josef

El cielo os dé su favor,
aunque estáis de tantos lleno.

Joaquín

Divino Jehová, principio y fin
sin principio ni fin, Dios de Sión,
¿qué trono es este, eterno Salomón,
que fundas en la casa de Joaquín?
    ¿Qué arca de uno y otro querubín,
cubierto con tan alta perfección?
¿Qué tierna vara del divino Aarón;
qué cedro en monte o fuente de jardín?
    Altas sospechas, gran Señor, me dan
que de la humilde casa de Belén
quieres que venga al mundo el nuevo Adán.
    Dichoso yo, dichosa Nazarén
si cumples la promesa de Abraham,
que si esta es alba, vendrá el Sol también.

(Salga Bato.)

Bato

Mi señora te ha llamado:
entra a hacerle compañía:
verás que es oscuro el día
y el mismo Sol, comparado
    a la luz del aposento,
donde con susurro blando
parece que están cantando
en algún dulce instrumento.
    Entra, señor, que te llama.

Joaquín

Ya se acerca mi alegría,
ya viene el alba del día,

que el alma en gloria me inflama.
    ¿Trajiste bastantemente
para dos huéspedes?

Bato   Creo
que he igualado tu deseo,
y que aunque venga más gente,
    para todos ha de haber
qué comer y qué cenar;
pero no dejes de entrar:
así Dios te dé placer,
    verás la casa, un jardín
lleno de olores del cielo.

Joaquín   Todo resplandece el suelo,
¡oh venturoso Joaquín!

Bato   ¡Y cómo si es venturoso
quien tanta gloria merece!
¿Qué es esto que resplandece?

(Sale Gabriel cercado de ángeles.)

Ángeles   Deja, Gabriel generoso,
    que así juntos te adoremos.

Gabriel   Ángeles, alzaos: mirad
que solo a su Majestad
esa adoración debemos.

Ángeles   Quien del Rey ha merecido
oficio tan preeminente,
y comisión de asistente
a su lado esclarecido,

de la que ha de ser su Madre,
bien merece adoración.

Gabriel   Yo traigo esta comisión,
que me dio el Eterno Padre,
   para ser Ángeles de guarda
de la que Madre ha de ser
de su Hijo, que nacer
muy presto en la tierra aguarda.
   Hoy son ocho de Septiembre,
hoy ha de nacer María,
porque en el mundo alegría
y oliva de paces siembre.
   De dos años y dos meses
será al templo presentada
esta espiga sazonada
de Dios entre castas mieses.
   Estará otros once en él,
y de trece desposada
con Josef, esta sellada
puerta que vio Ezequiel,
   esta zarza, que jamás
ardió, con el fuego en medio
de trece años y medio
y de trece días más.

(Hínquense de rodillas los ángeles.)

Ha de concebir al Hijo
de Dios, cuando en ella encarne,
hecha la palabra carne.

Bato   ¡Qué divino regocijo!
   Parece que blandamente

oigo hablar sin ver a quién.
¡Oh, dichosa Nazarén,
donde tal gloria se siente!
    ¡Oh venturoso aposento!

(Levántense los ángeles.)

Gabriel   De catorce años María,
y tres meses, verá el día
del divino nacimiento
    del hombre y Dios en la tierra,
hecho pasible y mortal,
y allí, coro celestial,
con cuanta grandeza encierra
    la soberana milicia,
después que se hayan besado,
con abrazo regalado,
dulce paz, santa justicia,
    cantaréis, pues que la guerra
cesó en el dichoso suelo,
la gloria a Dios en el cielo,
la paz al hombre en la tierra.
    Yo voy con humilde celo
a servir a esta señora,
que tanto a Dios enamora,
que le hace bajar del cielo.
    Vuestras angélicas bocas
canten y muestren placer;
de su guarda voy a ser.

Ángeles   ¡Dichoso Gabriel, que tocas
aquel arca soberana
del más divino maná,
si envidia cupiera allá,

	como en condición humana, los Ángeles la tuvieran de tu preeminencia hoy!
Gabriel	A verla y servirla voy, que ya en las manos la esperan sus padres, más que dichosos.
Ángeles	Todos iremos contigo.
Bato	Que hablan y cantan digo; cantaréis himnos gloriosos; es sin duda que en la tierra hoy hace Dios maravillas. Dios que soberbios humillas, y cuya espada destierra a la arrogancia del cielo; Dios que la humildad levantas, ¿qué son maravillas tantas en el cielo y en el suelo? Todo florece y respira suave y divino olor: prodigioso resplandor en esta casa se mira: Pienso que están a racimos los ángeles por los techos como de las palmas hechos; tal vez por ella los vimos. ¡Qué acordados instrumentos! Sin duda que el parto llega; la luz mas que el Sol me ciega: ojos, no miréis atentos.

(Toquen dentro chirimías, y en acabando canten:)

Ave regina coelorum,
ave domina Angelorum,
salve radix, salve porta,
ex qua mundi lux est orta.

(Tornan a tañer, y salgan los tres pastores, Liseno, Farés y Eliud, con unas cestas.)

Liseno
Allá puede tener el que quisiere
cuenta con el ganado, que este día,
no digo los pastores, los corderos
vendrán a Nazarén saltando todos,
mejor que cuando entre canales de agua
pasaba el pueblo de Israel seguro,
el mar Bermejo en cristalino muro.

Farés
Aquí está Bato y todos sin sentido.

Eliud
¡Hola, Bato! ¿qué es esto?

Bato
¿De qué suerte
habéis venido a Nazarén vosotros?

Eliud
Con los pies que tenemos, y en las manos
estos presentes para la parida.

Bato
¿Cómo o cuándo supisteis que lo estaba?

Farés
Era tanto en el monte el regocijo
de cabras, de cabritos y corderos,
de toros, de becerros y de vacas,
el saltar, el balar y el alegría;
eran tantas las flores que nacieron,

tanto el olor de casia, cinamomos,
cedros, aloes, mirras, y laureles,
tantas las fuentes que brotaron agua
por los resquicios de las secas peñas
y entre las hierbas de los verdes prados,
tantas la luz, las voces y la música
que celebraba el nombre de María,
que claramente vimos que nacía.

Eliud   Sin esto, por los aires resonaba
su nombre en celestiales instrumentos,
y como se ve el Sol de donde nace,
de Nazarén se vía que nacía
la que llaman los ángeles María.

Liseno   Dejamos admirados los ganados,
y venimos a ver el venturoso
parto de una mujer que en estos años,
de estéril hace Dios ser tan fecunda,
que baña el mundo en gozo y alegría
pariendo la hermosura de María.

Eliud   Guíanos, Bato; que ofrecer queremos
lo que en aquestas cestas recogimos:
rústicos dones, pero ricos ánimos.

Liseno   Yo traigo cuatro vivos conejuelos,
que ojalá que la niña mejor fuera
porque comer y retozar los viera.

Farés   Yo seis panales de la miel más pura
que en todos estos montes se ha criado,
y que solo mirar el artificio
desta sabia, aunque mínima república,

puede admirar el más sutil ingenio.

Bato   Pues yo te juro que los labios bañe
de la más pura y celestial criatura
que ha visto la terrestre compostura.

Eliud   Aquí le traigo, Bato, unos pichones,
no ingratos a los cebos de sus padres,
que por las nuevas mal pobladas plumas
descubren la gordura de la carne:
guíanos, por tu vida, a la parida.

Bato   Vamos, que yo no sé lo que ha pasado,
pero sé que ha nacido, porque afuera
así lo oí, como presente a todo;
hablaré con Raquela, y si nos diere
licencia a todos juntos como estamos,
veremos a la madre y a la hija,
que según con las dos se alegra el cielo,
no las tiene mejores todo el suelo.

(Vanse.)

(Sale un Rey judío y otros dos criados.)

Judío I   Parece que manda hacer
el cielo este regocijo,
y para darlo a entender,
como en pregones lo dijo
con música desde ayer.
  El aire que resonaba
parece que nos decía
que la tierra en paz estaba
y que una estrella nacía

que al divino Sol llamaba.
Pues siendo así, ¿no es razón
hacer regocijo y fiestas?

Judío II   Previniendo una canción,
baile, gran señor, se apresta
de los que más diestros son.

Judío I   Pues con ellos quiero ir
al templo, y en él pedir
a los cielos qué sería
la causa desta alegría
que hoy nos han hecho sentir;
   que las cosas que contemplo
son peregrinas mercedes.

Judío II   Darás de humildad ejemplo;
ya viene la fiesta, y puedes
irte con ellos al templo.

(Salen los músicos de judíos, y los que bailan; canten y bailen.)

Nunca el Sol salió más bello,
runfalalén.
Ni con más lindo cabello.
fanfalalán.
Nunca fue tan claro el día.
runfalalén,
ni trajo tanta alegría,
fanfalalán.
Que se alegren manda el cielo,
runfalalén,
Todos los hombres del suelo,
fanfalalán.

No sabemos la ocasión,
runfalalén,
pero alegrarse es razón,
fanfalalán.
Por septiembre primavera,
runfalalén,
¿Quién ha visto, o verla espera?
fanfalalán.
Cuando nace algún cometa,
runfalalén,
está la tierra sujeta,
fanfalalán.
Mas cuando nace una hembra,
runfalalén.
Que no hay Sol que más alumbre,
fanfalalán,
todos contentos están,
fanfalalán.

(Vanse.)

(Sale otro Rey negro con algunos criados.)

Rey   Samo tan regocijara
de ver lo sielo tan beyo,
que non podemo hablar deyo
siendo neglo y ellan crara.
    Turo en placer nos bañamo
desta divina alegría,
po sieto la tierra mía
grande contento le damo.
    Por tun vilas que me contas
lo que ha habido por allá.

Negro

Tomé si la contará;
tengamo un poco de conta.
  Hoy que del meso Setiembro
pensa que tenemos ocho,
sando el cielo llovendero,
triste nubraro y mencónico,
de repente se serena
hacia la banda del Congo,
y sale el siñolón Febo
yena de cabeyo rojo;
al mismo punto vimo
por montes, vayes y sotos,
floriro turo la planta,
canela, clavo oloroso,
jengibre, nuece moscada,
pimientas y sinamomos,
luego esmaltará los prados
de tanta liria vistoso,
tanto azule campanilla,
tanto trébole y enojo,
perejila, yerba buena
mucha, culantrillan poco,
y otras flores que podían
un Mayo volveyan locos;
luego las parleras aves
abren los picos sonoros,
yevando a sus dulces tiples
con trambajos los arroyos;
cantaba la sirgueriya,
la calandria, el ruiseñolo,
la perdiz, la cogujalas,
la cernícala y cinsontos,
y aunque no sabemo quién,
nacemo con tanto gozo;

María, María, dice
la pampangaya y lo tordo;
luego de los montes altos
bajaba el gamo y el corzo
a las aguas de las fontes,
sin tomar del arco asombro;
a los pinos encumbralas
trepaba el ligero monos,
y los piñones sacando,
a quien mira hacemos cocos:
mirando tanta alegría
lo Neglo de Manicongo,
ropa de algodón se viste
labrara con seda y oro,
ponemo lo paragate
más blanca que riñan de ojo,
con su cinta culurara,
que parecemo un madroños,
mucho de casicabele
atamo turo brioso,
que aunque zambo, bien sabemo
bailar como un andimoños;
sacamo tamborilico,
guitarrillas, clavicordios,
e con pandero e sonajo
cantamo e bailamo en corro;
si no lan quiere creer,
mira cómo viene toro;
véngase tras ella prima,
que aunque neglo, gente somo.

(Salen los músicos de negros, y los que bailan; cantan y bailan.)

Usié, usié, usiá,

que no sabemo lo que será;
purutú, purutú, purutú,
si nadie la sabe, cáyala tú.
Cuando el cielo muestra
tanto resplandore,
y en la tierra nuestra
nace tanta flore,
algún gran favore
el cielo nos da.
Usié, usié, usiá,
que no sabemo lo que será;
purutú, purutú, purutú,
si nadie la sabe, cáyala tú.

(Vanse.)

(Salen dos gitanos.)

Gitano I   Por toda Menfis, Lucino,
se esparce tanta alegría,
que parece que este día
con señal del cielo vino.
    Algún pronóstico es
de nuestra felicidad.

Lucino   No es aquesta claridad
de un Sol, parece de tres;
    y que todos a porfía
dan tal luz a mil extraños
reinos, que el tiempo en sus años
no vio tan hermoso día.
    Quererte pintar la mar
sería imposible cosa,
pues siendo tan espaciosa,

que ocupa mayor lugar
   muchas veces que la tierra,
así se vio puesta en paz,
que de alterarla incapaz
se vio del viento la guerra.
   Pudieran no solo naves
de alto bordo y galeones,
peregrinar mil naciones,
sobre las ondas suaves:
   mas la más pobre barquilla,
sin alterar el igual
campo de puro cristal,
ver la más remota orilla.
   Focas, delfines, ballenas,
pacíficos navegaban,
y por las ondas andaban,
de coral y perlas llenas.
   Pues si la mar, que furiosa
quiere sorberse la tierra,
estaba en paz, poca guerra
en esta ocasión dichosa
   la tierra padecería;
antes, vestida de paz
de blanca arenosa faz,
la verde hierba vestía.
   Fue tal el olor suave
y la divina hermosura
de su variedad, segura
de que el invierno la acabe,
   que porque nadie codicie
su plata y oro, las minas
cubrieron de piedras finas
la terrestre superficie.
   Y rubias escorias de oro,

y junta tanta riqueza,
la misma naturaleza,
quedó con mayor decoro.

Gitano I   Tantos prodigios, Lucino,
de alguna Real persona
pronostican la corona.

Lucino   Algún Dios del cielo vino
 a ser en la tierra humano,
pues nunca jamás el cielo
previno gloria en el suelo
de aplauso tan soberano.
 Mira la fiesta que hace
Egipto al Sol, a la Estrella,
al Rey o la Reina bella
que con tantas fiestas nace.
 No hay hombre sin regocijo.

Gitano I   Pues sigámoslos también,
y día de tanto bien,
quede en las memorias fijo.

(Salen músicos gitanos y los que bailan; cantan:)

A la dana dina,
a la dina dana,
a la dana dina,
señora divina,
a la dina dana,
Reina soberana.
Quienquiera que sea
la que hoy ha nacido,
que el suelo ha vestido

de verde librea,
Egipto la vea,
su bella gitana,
a la dina dana,
Reina soberana,
a la dana dina,
señora divina.
Quienquiera que tiene
tan alto valor,
que a sembrar amor
a la tierra viene,
pues Dios la previene
y el Sol la encamina.
A la dana dina,
señora divina,
a la dina dana,
Reina soberana.

(Vanse y salen Cleofás y Josef.)

Josef   Creciendo de Jacob el mal postrero,
Cleofás, que ya postrero le he llamado
por parecerme que es tan duro y fiero,
    no hay que aguardar que a nuestro tío amado
venga a dar parabién de su sobrina,
pues Joaquín le tendrá por excusado;
    ha parido una niña tan divina,
Ana dichosa y santa, que parece,
no de Arabia, mas Fénix Palestina;
    ésta que sus parientes enriquece,
y el mundo con sus gracias enamora,
nombre de Aurora, y aun de Sol merece,
    y ¡ay Dios! si fuese de aquel Sol Aurora,
que espera el mundo, y que este alegre día

tomase dél la posesión ahora.

Cleofás
A ver en la montaña en que vivía,
a Joaquín el Arcángel anunciado
las gracias y excelencias de María,
muestra que el cielo ha puesto y declarado.
En este venturoso nacimiento,
el tiempo de los hombres esperado,
démosle el parabién con el contento
que es justo que tengamos sus sobrinos.

(Salen santa Isabel y Zacarías.)

Isabel
Ese fuera excusado ofrecimiento.

Zacarías
Mi querida Isabel, si somos dignos
de ver cumplidos tan alegres días,
esos serán pronósticos divinos.

Josef
Ya vienen Isabel y Zacarías
a ver la bella prima que ha nacido
con generales fiestas y alegrías.

Cleofás
Enhorabuena hayáis los dos venido.

Isabel
¡Oh, Cleofás! ¡Oh, Josef! ¿Ana está buena?

Josef
Buena estará la que tan buena ha sido;
no hemos entrado; tú, señora, ordena
que juntos visitemos la parida,
y la niña también de gracias llena.

(Salen Raquela y Bato.)

Raquela	Buena ha sido la fiesta.
Bato	Es escogida.
	Para ser de sus rústicos pastores.
Isabel	¿Levantóse mi prima, está vestida?
Josef	Está Joaquín con ella.
Bato	Entrad, señores,
	veréis la primavera toda en Ana,
	y en una flor del Sol todas las flores;
	aun no se levantó, que es de mañana,
	pero tiene salud, tiene hermosura,
	y la del Sol la niña soberana.
Isabel	Vámosla a ver.
Bato	Pues bien podéis, segura
	de que veréis la aurora y el Sol mismo,
	que el cielo ilustra con su lumbre pura,
	y ausenta las tinieblas al abismo.

(Vanse.)

(Salen Liseno, Farés y Eliud.)

Liseno	Aquí están Bato y Raquela.
Farés	Hoy habemos de jugar,
	porque de puro bailar
	no hay hueso que no me duela.
Bato	¿No topastes a Isabel,

la esposa de Zacarías,
la estéril por tantos días?

Eliud   ¡Oh santo Dios de Israel,
          que das esterilidad
          para mostrar tu grandeza,
          poniendo en esta aspereza
          divina fecundidad!
          Pienso que Isabel también
          otro día parirá,
          que por dicha ahora está
          estéril para más bien.

Bato   ¿Isabel ha de parir?

Eliud   ¿Ana no parió?

Bato   Dejemos
          para el cielo esos extremos,
          que él puede hacer y decir.

Farés   No hay para Dios imposible.

Liseno   Eso mismo digo yo,
          y que pues Ana parió,
          será de Isabel posible.
          ¿Qué juego se ha de inventar?

Bato   Uno en que estemos sentados,
          y que quedando tiznados,
          nadie se pueda alabar.

Liseno   Ya tengo mi asiento aquí.

Raquela	Yo a tu lado.
Eliud	Yo me asiento a donde esté más atento.
Farés	Y yo, Eliud, junto de ti.
Liseno	Va de juego.
Bato	Cada cual, deste nombre de María tome una letra.
Liseno	La mía es M.
Bato	Buena.
Liseno	¿Y qué tal?
Raquela	Pues yo tomo el A primera.
Farés	Yo la R.
Eliud	Yo la I.
Bato	Y yo, porque no escogí, me agrado del A postrera. Cada cual, señores, diga, por su letra comenzando, algún nombre, preguntando al que quiere que prosiga.
Liseno	Comienza, pues.

Bato	Eme, di ¿qué es María?
Liseno	Milagrosa, pues nació tan gloriosa; pero responda la I.
Eliud	Insigne entre las mujeres; mas diga la R.
Farés	Digo Que es Rica, pero prosigo; A primera, si tú quieres.
Raquela	Digo que es Arco del cielo; A postrera, di quién es.
Bato	Arca del diluvio a tres; quedar sin nombre recelo; M, ¿qué es María?
Liseno	Mar; pero diga el A postrera.
Bato	Arpa de David.
Eliud	No fuera mucho aquesta vez errar; R, ¿quién es esta niña?
Farés	Regalo del mismo Dios.
Bato	Bien dicho.

Farés	Mas decid vos: desta zarza, palma y viña, señora I, ¿qué sentís?
Eliud	Que es Infanta de los cielos, de quien tiene el Ángel celos, que los perdió.
Bato	Bien decís.
Eliud	Mas ¿qué siente deste Sol la M?
Liseno	Tengo por llano que es de David soberano la santa esposa Micol; mas ¿qué dice el A primera?
Raquela	Que es divina Abigail.
Bato	Respuesta ha sido sutil.
Raquela	¿Qué responde el A postrera?
Bato	Que es Abisac.
Raquela	¡Qué veloz!
Bato	Mas la R, ¿qué dirá?
Farés	Que es Rut, que espigando está en los rastrojos de Booz.

Bato	Como tan bien te gobiernes, no perderás.
Farés	¿Quién es I?
Eliud	Iudit, que dé muerte aquí al más soberbio Olofernes. Mas R, ¿a quién diréis ya?
Farés	A Rebeca. ¿Y la A postrera?
Bato	Que es Ave de quien espera hacer del cielo maná; pero la primera diga.
Raquela	Que es Árbol de oliva hermosa, de los hombres paz dichosa que sus discordias mitiga. Mas ¿la R?
Farés	Diré yo que es bellísima Raquel, ramo de verde laurel y rosa de Jericó. Diré que es Reina y Rubí y reparo de los hombres.
Bato	Por uno dices mil nombres.
Eliud	Sus padres vienen aquí.

(Salen Joaquín y Ana, de parida, con la niña santísima en los brazos, Isabel, Zacarías, Josef y Cleofás.)

Josef	No paséis de aquí, señores;
	esto por merced os pido,
	aunque perdemos de ver
	ese Sol hermoso y lindo;
	y suplícoos que me hagáis
	tal merced, amados tíos,
	que pongáis en estos brazos,
	puesto que humildes e indignos,
	esa infanta, ese traslado
	del Sol y del cielo empíreo.
Ana	Por cierto de buena gana,
	Josef, amado sobrino;
	que bien estará en tus brazos
	esa prenda de los míos,
	que cuando fuera mayor,
	eres tú tan casto y limpio,
	que puedes tenella en ellos.

(Dásela a Josef en los brazos.)

Josef	¡Oh mi niña, oh paraíso,
	oh más hermosa que el cielo!
	Abrid, abrid los zafiros
	de quien toma luz el Sol.
	Mirad, mirad vuestro primo;
	yo soy Josef, Josef soy;
	de Jacob, niña, soy hijo;
	de David también desciendo.
	Reyes me dieron principio;
	niña por gran bien nacida,
	niña de los ojos míos
	y aun de los ojos de Dios,
	pues ha tanto que os ha visto,

abrid el rubí precioso
de aquesos labios benditos,
porque se descubra el cielo
sin mirar al cielo mismo;
¿cómo os halláis en la cuna
que de cipreses os hizo
este pobre carpintero,
después que os tiene tan rico?
¿Dormís bien? Dichosa quien
os aduerme; mas ¿qué digo?
Tomad, que me lleva el alma,
y pienso que el cielo os quito.

Joaquín   Mucho nos honras, Josef.

Josef   La honra que he recibido
                 Dios la sabe; entraos, señores;
                 que baja el sereno frío
                 y hará mal a tanto bien.

Isabel   Yo también, prima, bendigo
                 fruto de tal bendición;
                 presto volveré a serviros.

Zacarías   Volved, Ana, al aposento.

Ana   Adiós, parientes queridos.

Joaquín   Entrad, señora, y guardad
                 ese tesoro infinito;
                 que si el amor no es quien causa
                 las ideas que fabrico,
                 vos seréis, Ana dichosa,
                 llamada en todos los siglos

la Madre de la Mejor,
Madre de cuantas lo han sido.

Fin de la segunda jornada

Jornada tercera

(Salen el Dragón infernal y dos ministros.)

Dragón   ¿Eso dices que has oído?

Ministro   Eso a los padres oí,
                   junto a su limbo escondido,
                   que del dolor que sentí,
                   vengo, Dragón, sin sentido.

Dragón   ¿Que la mujer es nacida,
                   que me ha de quebrar la frente,
                   dice esta gente perdida?

Ministro   Tan clara y distintamente,
                   que la llaman gloria y vida
                     de los mortales del suelo.

Dragón   Mi desventura recelo;
                   mas no es posible que sea
                   esta que el mundo desea,
                   por quien importuna al cielo.

Ministro   Pues ¿por qué pueden hacer
                   esta fiesta que se siente,
                   si aquesta no es la mujer
                   que te ha de quebrar la frente
                   con su divino poder?

Dragón   ¡Planta de tanta blandura
                   me puede hacer tantos daños!
                   Tengo la frente muy dura,
                   que ha más de cuatro mil años

que a Dios el enojo dura.
    Pero pena he recibido
en oír que haya nacido,
pues sabes que entre los dos
puso enemistades Dios,
y no las tiene en olvido.
    ¡Cosa que llegado hubiese
para apretar mi garganta,
el tiempo en que Dios quisiese
formar la divina planta
que mi cabeza rompiese!
    Cosa que aquesta doncella,
¡oh serpientes! fuese aquella,
tan dicha en las profecías,
y más adonde Isaías
habla tan a voces della;
    que una Virgen parirá
dice, y que se llamará
Enmanuel el infante;
de Jessé, dice adelante,
la verde vara saldrá,
    y de la raíz la flor,
y que alegre en el camino,
y en la soledad mayor,
engendrará aquel divino
lirio de perpetuo olor.
    La hermosura del Carmelo,
y del florido Sarón,
del Líbano el verde suelo,
la gloria y la perfección
dice que ha de darle el cielo.
    Que antes de parir parió,
dice, y que parió un infante;
parir antes, ¿quién lo oyó?

¿Quién vio cosa semejante,
ni tal enigma entendió?

Ministro   Y aquella puerta cerrada
de quien hablaba un profeta,
donde Dios halló la entrada.

Dragón   ¡Que esté mi cerviz sujeta
a su vengativa espada!
Pero de pena excusemos
con adelantarla agora,
y a los del Limbo escuchemos.

Ministro   ¿Cantan?

Dragón   Sí.

Ministro   Quien siempre canta...

Dragón   Querrá que lloremos. Llora.

(Ábrese una peña muy grande, dentro de la cual están Adán, Abel, Abraham, David y Jacob, el padre de Josef.)

(Canten:)   Bendita tu hija sea,
pues tu palabra cumplida,
se comunica la vida
que el mundo alegre desea.

Adán   Prosigue, mi Jacob, el dulce cuento.

Jacob   Como digo, Joaquín y Ana casados
prometieron a Dios del casamiento
el fruto.

Adán   ¡Oh padres bienaventurados!

Jacob   Joaquín, con este santo pensamiento
de sus bodas veinte años ya pasados,
fue al templo, y ofreciendo a Dios sus dones,
como estéril oyó sus maldiciones.

  Las pálidas mejillas, que cubrían
vergüenza y canas, roja sangre y nieve,
al son con que las lágrimas salían
sale del templo, a cuyo umbral las llueve
el que llamar sus méritos podrían,
si a tanto nuestra voz mortal se atreve,
antecesor de Dios Hombre en el suelo,
más cerca que David dichoso abuelo.

  Las aves en los altos nidos mira,
y llora en ver sus hijos, porque sabe
que espera el Fénix que la tierra admira,
y a quien dirán las de los cielos Ave;
entre las vides y álamos suspira,
y ha de ser padre de la vid suave
que ha de dar en la cruz por altos ramos,
aquel racimo fértil que esperamos.

  Los trigos mira el generoso anciano,
sin ver que el campo estéril y fecundo
dará una espiga cuyo rubio grano
del cielo ha de bajar pan vivo al mundo.
A su ganado llega, y llora en vano,
pues el cordero de los tres segundo,
será de Dios y suyo, que algún día
le llame nieto en brazos de María.

  El Ángel le aparece, finalmente
y mándale buscar su esposa amada;
abrázanse los dos alegremente

en la puerta que allí fue más Dorada;
concibe aquella flor Ana excelente,
tantos años del mundo deseada,
y a nueve meses nace un claro día
la niña hermosa celestial María.
  Cuando llegó mi muerte venturosa,
y partí de la tierra al santo seno
de Abraham, era ya la niña hermosa
de dos años.

Abel   ¡Oh tiempo de paz lleno!

Jacob   Yo quería su madre, y la dichosa
                 parentela, por ser del mundo ajeno
                 este tesoro, y por piadoso ejemplo
                 ofrecérsela a Dios, llevarla al templo.

Adán   Bendita niña, crece felizmente,
                 y de tus manos venga nuestra vida.

Eva   Crece, divina niña, que la frente
                 pisarás de la sierpe endurecida.

Abraham   ¡Oh palma! ¡Oh lirio! ¡Oh torre! ¡Oh trono! ¡Oh fuente!

Adán   ¡Oh Reina celestial, del Sol vestida!

Abraham   ¡Oh niña, a quien darán mil bendiciones
                 del mundo las más bárbaras naciones!

(Ciérrase la boca.)

Dragón   No me basta sufrimiento,
                 porque, o yo lo entiendo mal,

o por este nacimiento
desta niña celestial
comienza mi perdimiento.
  Aqueste recién venido,
que ha tan poco que murió,
tales nuevas ha traído,
que dice que él mismo vio
lo que me quita el sentido.
  ¿No mirabas cómo Adán,
Eva su mujer, Abel,
Jacob, Isaac, Abraham,
David y cuantos con él
juntos en el Limbo están,
  que creciera a Dios pedían
esta niña que mi frente
ha de quebrar, y decían
que estaba en la edad presente
en que su remedio vían?
  No es esto para callar;
no es esto para sufrir;
mejor me quiero informar;
al mundo quiero subir,
pues tengo más que bajar.
  Nunca aquestos han cantado
a Dios con tal regocijo;
nunca estas gracias le han dado;
sin duda que está su hijo
cerca de verse humanado;
  ven, que yo sabré lo que es.

Ministro   Ya todo el infierno siente,
                dragón, que temblando estés.

Dragón   ¡Ah, cielos, que esté mi frente

condenada a humanos pies!

(Vanse y salen Joaquín, Ana y Josef.)

Joaquín   Cuánto nos haya pesado
la muerte del padre tuyo,
bien lo sabe el amor suyo,
del nuestro tan bien pagado.
  Tú, Josef, perdiste padre;
Joaquín hermano perdió;
una madre nos parió;
hermanos somos de madre.

Ana   Bien estarás satisfecho,
Josef, de lo que he sentido.

Josef   El buen padre que he perdido.
hoy le gano en vuestro pecho,
  y aquel divino dechado
que de virtudes tenía;
de suerte que el mismo día
lo que he perdido he ganado.

Joaquín   ¿Dónde está ahora Cleofás?

Josef   En negocios anda fuera;
que estuviera aquí quisiera
porque se alegrara más.
  Pero esto dejando aparte,
¿cómo tenéis a María?

Joaquín   Con mil gracias cada día
que en ella el cielo reparte,
  tal lengua, tal discreción,

exagerar no se puede;
la margen mortal excede;
cosas celestiales son.
    Parece que anticipó
la razón en ella el cielo.

Josef
    ¡Y como si al bien del suelo
tal prenda en las suyas dio!

Joaquín
    Ángeles hemos sentido,
que la han servido y hablado.

Josef
Del bien a que la han criado,
grandes indicios han sido.

Ana
    ¿Qué músicas celestiales,
y qué regalos sentimos,
qué dulces juegos oímos
a su tierna edad iguales,
    pero de misterios llenos?

Josef
¿Quién duda que lo serán,
y que agradando estarán
a aquellos ojos serenos?

Joaquín
    Ya, Josef, se llega el día
que la queremos llevar
al templo; que no ha de estar
entre los hombres María.
    Tiene cumplidos dos años
y más dos meses y medio
este celestial remedio
de nuestros prolijos daños.
    Pienso que del tribu irán

nuestros deudos más cercanos.

Josef

Los hijos de los hermanos,
Joaquín, no se quedarán;
con ella y con vos iré.

Joaquín

Siempre nos queréis honrar.

Josef

El que lo quisiere estar,
con vos y con ella esté.

Ana

¿Sabes, Josef, que querría
que a propósito tuviese
una cama en que durmiese
allá en el templo María?
Porque ella no ha de dormir
con nadie aunque es tan pequeña.

Josef

La que tan pequeña enseña,
bien puede aparte vivir.
Ni era razón, pienso yo,
que en la cama de la Luna
entrase criatura alguna
sino el Sol que la crió.
En este Asuero se emplea
bien tal Ester, tal Infanta,
y de una Abisac tan santa,
solo Dios el David sea.
Tan heroico Gedeón
goce este Vellón subtil,
y este trono de marfil
tan divino Salomón.
Si a mí me queréis fiar
su labor, aunque en madera

pobre, mi amor considera
que a Dios consagra un altar.
   Yo la labraré muy presto:
no estorbaré la partida.

Ana
        Bien merece ser servida
de sus parientes en esto.
   Labralda, sobrino, vos,
que me dice el alma mía,
que en hacer cama a María
hacéis en que duerma Dios.
   Porque en un alma por quien
tantos milagros ordena
y de tantas gracias llena,
Dios asistirá también.

Joaquín
        Pues, Josef, este cuidado
os queda, y quedad con Dios.

Josef
        Vaya, tíos, con los dos,
y os pague el haberme honrado;
   a vuestra virtud lo debo:
humilde e indigno soy.

Ana
        ¡Qué obligada a Josef voy!

Joaquín
        Es un honesto mancebo.

Ana
        No hemos tenido pariente
de tan grande santidad.

Joaquín
        No le ha tenido su edad
tan casto ni tan prudente.

(Vanse Joaquín y Ana.)

Josef Si como son cepillo y sierra viles
y esta madera pinabete o haya,
fuera oro y plata de la indiana playa,
y ellos crisoles, limas y buriles.
  Si odoríferos árboles sutiles
con que Saba los cielos atalaya,
y dé la fértil isla de Tondaya
ébanos negros, cándidos marfiles;
  labrara yo la cama de la Luna
con envidia del Sol y las estrellas,
pues ni él la iguala, ni hermosura alguna.
  Cesó la claridad en él y en ellas,
porque como la fénix sola y una,
así es María entre las cosas bellas.

(Vase.)

(Salen Bato y Raquela.)

Bato Todos el monte dejamos;
a todos manda venir;
ya no llamamos servir
los que en Nazarén estamos.
  Ya por gloria lo tenemos,
porque después que María
bañó de dulce alegría
esta casa en que la vemos,
  naciendo tan clara y bella,
no hay hombre, si lo es de bien,
que no venga a Nazarén,
alegre de hablalla y vella.
  ¿Qué se trata de partida?

Raquela	¿Que hoy nos habemos de ir?
Bato	¡Voto al Sol, que he de reír
	hoy para toda mi vida!

¡Voto al Sol, que he de reír
hoy para toda mi vida!
   Desde aquí a Jerusalén
he de hacer a nuestra niña
mil juegos por la campiña
y en las posadas también.
   ¡Oh, qué placer recibí
de mecerla esta mañana!
¡Nuestra ama y su madre Ana
no estaba, Raquela, allí!
   Sentí que estaba María
despierta, entré, y en la cuna
gorjeando hallé a la Luna
como las aves al día.
   ¿No has visto al amanecer
una calandria suave?
Pues tal estaba aquel ave,
que era escucharla placer.
   Que aunque no son más de dos
sus años, lo que decía
la santísima María
eran grandeza de Dios;
   quitéle a la hermosa cara
una toca, y vi... ¿qué vi?
No el Sol, porque el Sol allí,
sus rayos corrido para.
   ¿No has visto abrirse una rosa
con el aljófar y perlas
del alba, cuando a cogerlas
viene la abeja amorosa?
   ¿No has visto en cedros enanos

blanco azahar, o por la puerta
de roja granada abierta
asomándose los granos?
　¿No has visto una fuentecilla
en un prado, con sonoro
ruido entre arenas de oro
bullir y bañar la orilla?
　¿No has visto lirios que están
como si cortara el cielo
sus hojas de terciopelo,
de raso y de tafetán,
　que por donde está peloso
es terciopelo, y lo liso
raso, y que el reverso quiso
fuese tafetán lustroso?
　¿No has visto la guarnición
de la cadenilla de oro,
que le da tanto decoro
hermosura y perfección?
　¿No has visto blanca azucena
o cinamomo florido?
¿No has visto...

Raquela　　　　　　Tú vas perdido.

Bato　　　　　　Pues piérdame enhorabuena;
　que no hallar comparación
para pintar a María,
antes es ganancia mía
y engrandecer mi afición.
　Al fin, Raquela, llegué;
los buenos días le di;
menores los recibí
del Sol que en ella miré,

hinqué la rodilla en tierra,
y comenzando a mecer,
canté por darla placer,
que amor dulcemente encierra:
    «A la niña María
    cantan las aves,
      porque es Alba divina
      del Sol que sale.»
    No lo hube dicho, Raquela,
cuando en el mismo aposento,
en un sonoro instrumento,
entre salterio y vihuela,
    me responde una capilla,
que sin seso me dejó.

Raquela   ¿Qué hiciste?

Bato   Temblé.

Raquela   Pues yo,
            Bato, ya estoy hecha a oilla.

Bato   ¡Pardiez, que de un salto di
            conmigo en el corredor,
            aunque luego el mismo amor
            me volvió a buscarla, y vi
                todo el aposento lleno
            de flores!

Raquela   Tal campo es.

Liseno   No hay que porfiar, Farés,
            que ha de llevarla Liseno.

Eliud	¿Y de mí no se hace caso?
Bato	¿Venís los tres de pendencia?
Farés	Tú puedes dar la sentencia.
Bato	María duerme: hablad paso; que cuando duerme esta niña, aun el cielo no se mueve.

Eliud	Sobre quién la niña lleve
	es esta pendencia y riña;
	    habemos de caminar
	como Joaquín lo ha mandado.
	Liseno, muy enojado,
	dice que la ha de llevar;
	    lo mismo dice Farés,
	y ha de llevarla Eliud.

Bato	Mejor os dé Dios salud, que este bien gocéis los tres; que pienso llevarla yo en estos indignos brazos.
Raquela	Tú gozarás sus abrazos, Bato, que los otros no. Y yo, ¿dónde me quedaba? ¿No advertís que soy mujer?
Bato	Un remedio puede haber.
Liseno	Eso mismo imaginaba. ¿No es que echemos suertes?

Bato	Sí.
Liseno	Va de suerte.
Farés	¿De qué suerte?
Bato	Que la lleve aquel que acierte mejor a decir aquí quién puede ser esta niña.
Liseno	¿Quién lo juzgará?
Bato	Señor.
Raquela	Vaya con mucho primor.
Farés	Pues yo digo que es la viña que floreció en Engaddí.
Eliud	Yo digo que para el suelo hizo dos ojos el Cielo.
Bato	Son la Luna y el Sol.
Eliud	Sí. Y como estaban sin niñas, hizo esta niña que agora les da la luz que atesora; mira si vencí tus viñas.
Liseno	Y yo que Dios quiere hacer, aunque de mar infecundo, alguna perla en el mundo cuyo nácar ha de ser.

Que como el nácar cerrado
encierra la perla en sí,
ansí tengo para mí
que lo tiene Dios trocado.

Raquela   Yo digo que es esta infanta
un diseño y un modelo
del mismo Señor del Cielo,
y una verde hermosa planta
    de donde salga la espiga
que dé a todo el mundo pan.

Liseno   Bato falta.

Bato   Ya dirán
que Bato la suya diga.
    Pues juzgue a todos, señor,
y si no fuere la mía
más cierta en lo que es María,
y de más alto primor,
    que no la lleve en mi pecho,
que no es pequeño castigo.

Farés   Ya todos te aguardan.

Bato   Digo,
y que he de acertar sospecho.
    No digo que es perla, ni ave,
ni Sol, ni estrella, ni día.

Eliud   Pues ¿qué dices que es María?

Bato   Una cifra que Dios sabe.
    Sin duda que algún camino

quiere hacer el Verbo eterno,
y así el Padre sempiterno,
y el Espíritu divino,
   han hecho, pues de Dios es
tan alta sabiduría,
esta cifra de María,
para escribirse los tres.
   Que aunque los tres son un Dios,
cuando a hacer paz nuestra guerra
el Hijo venga a la tierra,
allá se estarán los dos.

Eliud   Alguien habla, Bato, en ti.
¿Tú sabes lo que has hablado?

Bato   ¿No esperan a Dios cifrado
los ojos mortales?

Eliud   Sí.

Bato   Pues digo que si algún día
ha de ser hombre, es agora,
que para menos que aurora
de Dios no hiciera a María.

(Salen Joaquín, Josef y Ana.)

Josef   No ha dado más lugar la mucha prisa,
que a no ayudarme el buen Cleofás, mi hermano,
no pudiera acabarla.

Joaquín   Amor ha sido
de primo, buen Josef. Ea, pastores,
¿está lo necesario prevenido?

Bato	Quistión hemos tenido, Joaquín santo,
	sobre saber a cuál de todos toca
	llevar en brazos la divina niña.
	Remitámoslo a suertes, mas la suerte
	será muy buena a quien por vos tocare,
	porque sin vos, ¿que importa que se acierte?
Ana	Yo os quitaré de ese cuidado a todos,
	porque solos mis brazos son depósito
	del soberano precio de María.
Bato	Con vos, señora, no hay, ni haber podría
	porfía, ni igualdad, ni competencia,
	porque vuestra ha de ser la preeminencia.
Josef	Perdónese al amor el buen deseo,
	que todos lo tuviéramos a dicha.
Joaquín	Si prevenido está lo necesario
	de la ofrenda, del templo y del camino,
(Sale el Ángel.)	no hay que nos detener.
Gabriel	Dichoso el día
	que al templo vais, ¡oh celestial María!
Ana	Los vestidos, camisas y las sábanas
	de mi hija, Raquela, te encomiendo.
Raquela	Ya tenía cuidado de su ropa.
Gabriel	No se podrá perder, ¿qué os acobarda,
	llevando tantos Ángeles de guarda?

(Vanse todos, queda el Ángel.)

Gabriel   Montes de la sagrada Palestina,
de Sión al Tabor de Galilea,
altas y verdes palmas de Idumea,
la Reina de los Ángeles camina.
    Las vuestras humillad a su divina
frente, que el Sol con rayos hermosea,
¡y tú, pues ya tus márgenes pasea,
santo Jordán, la blanca tuya inclina!
    No soy yo solo, aunque con ella estuve,
la guarda y la cortina de María,
¡más bien guardada a vuestro monte sube!
    Y aunque le ha de tener guardado un día,
no es arca de maná que lleva nube,
porque es el mismo Dios el que la guía.

(Sale el Dragón.)

Dragón   Certificarme deseo
con industria y diligencia.

Gabriel   ¡Tú vienes a mi presencia!

Dragón   Aquí estás, aquí te veo,
pero no por esto creo
lo que en el Limbo se dice.

Gabriel   Cuando allá te escandalice,
siendo contra ti Dragón,
no te faltará razón.

Dragón   ¿Pues sabes tú lo que es esto?
Que en desengañarme presto

más doblaras mi pasión;
  toma venganza de mí;
declárame si ha llegado
aquel tiempo deseado
de cuantos están allí.
  No sé qué cosas oí
que no las tengo por ciertas;
ya se estremecen las puertas
del infierno temeroso
al Príncipe poderoso,
que solo romperlas puede.

Gabriel   Mucho tu licencia excede;
eres, Dragón, cauteloso.
  ¿No sabes que te maldijo
Dios al principio del mundo,
y que el linaje fecundo
del santo Abraham bendijo?
¿No sabes que con prolijo
paso has de surcar la tierra,
y la enemistad que encierra
tu lengua y tu vil poder,
con el pie de la mujer
nacida para tu guerra?

Dragón   ¿Luego dices que es nacida?

Gabriel   Lo que yo digo, Dragón,
es que tu mala intención,
quedará presto corrida.
Vuelve a mirar tu caída,
y la mujer levantada.
Mírala toda cercada
de tan santos atributos,

que son celestiales frutos
de su concepción sagrada.

(Ábrense dos puertas y vese dentro la Virgen, de niña de dos años, puesta de
pies sobre una Luna, y una sierpe a los pies, y alrededor una palma, un ciprés,
una oliva, un rosal, un espejo, una fuente, una torre y un Sol encima.)

Mira el Sol de su cabeza,
y la Luna de sus pies,
su altura y aquel ciprés,
y esta palma su grandeza,
en el rosal su pureza,
la paz en la verde oliva,
y la fuente de agua viva,
el espejo en que se ve,
con la torre de su fe,
en cuyo cimiento estriba.
Mira la blanca azucena
de su pura castidad,
el pozo de su humildad,
y en aquella alfombra amena,
el jardín y la serena
puerta del cielo, sellados
con tan divinos candados,
que solo Dios es su llave,
y mira aquel templo grave,
con los pórticos dorados.

Dragón   Déjame, no digas más;
que mirando la serpiente
que está a su planta, mi frente
quebrando, Gabriel, estás,
mas no dejaré jamas
de poner tantas insidias,

cuantas serán mis envidias
que, en fin, quiere, Dios que vea
que mujer remedio sea,
porque fue el daño mujer;
pero más queda que hacer
antes que el cetro posea.
  Propuso Dios que quería
que adorase al hombre yo;
bajar de allá me costó;
alta fue la empresa mía;
mas antes que llegue el día
que él suba donde me vi,
verás lo que puede en mí
esta envidia que me mata.

Gabriel   Tu verás que Dios te ata.

Dragón   Pues déjame hacer a mí.

(Vanse, y salen el rey Herodes, Josipo sus hermanos y todos.)

Herodes   Esto me aconsejaron, y sospecho
que en mi necesidad, ninguna cosa,
Josipo, puede darme más remedio;
he dado a Roma tanta plata y oro,
y tan grandes regalos a mis Cesares,
y cuéstame la gracia de sus Cónsules
tanto dinero, sin el mucho gasto
que me cuestan las guerras de Samaria,
y de Jerusalén el largo cerco,
que apenas tengo como Rey aquello
que a mediana grandeza es necesario.

Josipo   Famoso Herodes, si le ha sido lícito

sacar el oro y plata oculta a Hircano,
de los sepulcros y urnas de los Reyes,
ni agravias sus cenizas, ni sus leyes;
no tengas miedo que se queje el mármol,
ni gima el jaspe, ni el dorado bronce,
ni que los cuerpos muertos se levanten,
porque ya sus cadáveres helados
no han menester el oro, que al decoro
de los vivos, señor, conviene el oro.

Herodes   Perdone Salomón, David perdone,
que el tesoro que tienen sus sepulcros,
mejor es que aproveche a los que viven;
romperé sus sepulcros esta noche,
porque Jerusalén, digo, la plebe,
no se alborote en ver quitar los mármoles,
por la veneración de sus mayores.

Josipo   Paréceme acertado, porque cubre
este poco respeto sus tinieblas,
que, en fin, son Reyes, y David tan digno
de justa estimación.

Herodes   Pues prevengamos
guarda para esta noche.

Josipo   Así conviene,
pues sacerdotes y ministros tiene.

(Vanse, y salen pastores, Josef, Isacar, Rubén y Joaquín y Ana, y traigan a la niña en medio de los dos de las manos.)

Isacar   Las ofrendas, señores, ofrecidas,
que a Dios habéis traído y a su templo,

serán de su grandeza recibidas,
pero esta prenda hermosa, en quien contemplo
tanta excelencia, es víctima divina,
de vuestro celo agradecido ejemplo;
de otra manera a su belleza inclina
sus soberanos ojos, porque creo
que para grandes cosas la destina.

Joaquín   Cumplió por su piedad nuestro deseo
el gran Dios de Israel, porque sabía
que era suyo no más tan santo empleo;
estéril Ana, concibió a María,
esta es señor, mas es de Dios, no es nuestra,
y así, lo que es de Dios, a Dios se envía.

Isacar   Ella en el rostro soberano muestra
que Dios la estima para grandes cosas;
dando María aquesta mano diestra,
córranse los jazmines y las rosas,
de verse tan vencidos.

Josef   ¿Qué granadas
igualan sus mejillas amorosas?

Isacar   Llegad, María, a las sagradas gradas,
que ya al altar se corre la cortina;
subid con esas plantas delicadas.

Josef   ¡Con qué gracia, señores, que camina!
¿Hay cosa más notable?

Ana   Es milagrosa;
en todo muestra perfección divina.

Josef	Vos sois, Ana, mil veces venturosa.
	¡Con qué excelencia y gracia va subiendo!
	¡Sube ofrecida a Dios, niña dichosa!
Rubén	Ya está en lo alto.
Josef	Y estará creciendo
	en gracia y santidad.
Isacar	Ya estáis, María,
	adonde viviréis a Dios sirviendo.
	Ana y Joaquín, adiós; desde este día
	es María de Dios; que ya no es vuestra.
Joaquín	En su nombre, señores, la tenía;
	adiós, mi niña, dulce gloria nuestra;
	quedad con Dios, y perdonad el llanto
	que el corazón enternecido os muestra;
	no os espantéis que lo sintamos tanto;
	dos años y dos meses os tuvimos;
	estos gozamos vuestro rostro santo;
	María, perdonad si no os servimos
	como era justo, en nuestra casa pobre,
	los que ser vuestros padres merecimos;
	allá tendréis, con Dios, tanto que os sobre;
	no perdéis padres vos; que no los pierde
	aquel que en Dios tan alto padre cobre.
Ana	Decilde, Joaquín, que se le acuerde
	de estos pechos y brazos de su madre,
	cuando para alabar a Dios se acuerde;
	pero ¿qué le diréis que más le cuadre,
	que decir que los padres que ha dejado
	trueca por Dios, que es verdadero padre?

Josef	María, aunque no soy quien ha criado,
	como Ana y Joaquín, vuestra hermosura,
	también os dejo en lágrimas bañado;
	que sois vos tan divina criatura,
	que no a los deudos vuestros, mas sospecho
	que haréis de cera hasta una piedra dura.
Bato	Adiós, señora nuestra, que habéis hecho
	tanta merced y gracia a estos pastores;
	tal vez entre sus brazos, y en su pecho,
	al monte volveremos, cuyas flores
	hallaremos marchitas, a deciros
	en tanta soledad dulces amores;
	desde allá os hablaremos con suspiros.

(Vanse, y queda Rubén.)

Rubén	Con notable sentimiento
	padres y deudos se van;
	gran bien dejado nos han;
	será de este templo aumento.
	¡Cuán diferente, de aquí
	salió Joaquín algún día,
	cuando Isacar le decía
	las maldiciones que oí!
	¡Y qué bien que vuelve agora,
	aunque árbol viejo, cargado
	del fruto más deseado
	que ya en este templo mora!
	¿Qué gente es esta, tan tarde,
	que ya la noche desciende?
	¿Qué es lo que busca o pretende?

(Salen Herodes, Josipo y guardas de alabarderos.)

Herodes	Ningún respeto se guarde.
Josipo	Aquí está un escriba.
Herodes	Di, ¿qué sacerdotes están en el templo?
Rubén	Ellos podrán juntos informarte a ti.
Josipo	No llamarlos es mejor.
Rubén	¿Qué buscas?
Herodes	Busco un tesoro de vasos de plata y oro.
Rubén	¿En este templo, señor?
Herodes	En este templo.
Rubén	No sé que agora tenga tesoro; y si le hay, el sitio ignoro.
Herodes	Eso yo lo buscaré. Enséñame luego, escriba, cuáles los sepulcros son de David y Salomón.
Rubén	Estos son.

Herodes	Rompe, derriba, quita aquestas losas luego.
Rubén	¿Pues a los cuerpos sagrados de nuestros Reyes pasados te vienes, señor, tan ciego al culto que se les debe?
Herodes	Y ellos me deben a mí el tesoro que hay aquí, para que de aquí les lleve. Perdonadme, gran David, y vos, sabio Salomón; reyes sois: a los que son reyes pobres acudid. Dadme acá la plata y oro, pues gasté la mía bien cercando a Jerusalén.
Josipo	Ni aquí parece tesoro, ni hay más de cuerpos aquí.
Herodes	Revolved los huesos luego.

(Salen del sepulcro unas llamas.)

Gabriel	¡Ay, cielos!
Herodes	¿Qué es esto?
Josipo	Fuego.
Herodes	¿Ha muerto las guardas?

Josipo	Sí; a lo menos dos ha muerto.
Herodes	Huye, que son Reyes santos, pues sabes ejemplos tantos.
Josipo	Ciérrala.
Herodes	Quédese abierto.
Rubén	¡Oh, qué bien ha castigado la codicia de este ciego el santo cielo, con fuego, en vez del oro buscado! Oro el bárbaro quería, al templo viene por oro; no hay tesoro; si hay tesoro, es el que trajo a María.

(Salen Josef, Cleofás y Bato.)

Cleofás	¡Que no fuera yo con ellos!
Josef	Este pastor te dirá del modo que queda allá, y cómo los pies más bellos que tuvo criatura humana, las quince gradas subieron.
Bato	¡Las cosas que allí se vieron das a una lengua villana! Venga un ángel que te cuente, pues allí no faltarían,

118

cómo aquellos pies subían
en su virtud solamente;
que así lo ordenaba Dios.

Cleofás   Todo el tribu está admirado,
porque a algunos he contado
esto que decís los dos.

Bato   Harto mejor, Josef, fuera,
pues tú eres tan leído
en la escritura, y he sido
como en el monte una fiera,
que mientras viene Joaquín,
el linaje nos contaras
de estas dos estrellas claras,
desde su principio al fin.

Josef   Si en eso os causa contento,
oíd de la lengua mía
el linaje de María.

Bato   Ya estoy a tu voz atento.

Josef   Hizo Dios al padre Adán,
Adán a Set, y Set luego
a Enoch, a Caynán Enoch,
y de Caynán procedieron
Malalael y Jared,
Enoch, y el anciano viejo
Matusalem y Lamech;
Noé, que vio el mundo nuevo,
Sem, Arfaxad y Caynán,
salen de Herber y Phalego,
Ragán, Sarug, Nacor,

que fue de Abraham abuelo.
Taré, su padre, e Isaac,
su hijo, y Jacob, el tierno
amante de Raquel, Judas
y sus hermanos tras ellos,
Farés, Zarán de Tamar,
Esron y Arán, y con estos
Aminadab y Naasón,
a quien en orden siguieron
Salomón, Booz de Raab y Obed,
Iessé, en tan santo proceso,
a David, donde comienza
la generación de nuevo;
que de David a Abraham
son catorce, y así vemos
que prosigue Salomón
de aquella que vio en el huerto,
y fue de Urías mujer;
de Salomón prosiguiendo,
viene Roboán y Abrás,
Asa y Josafat, y el reino
de Jorán, y Ocías, a quien
sigue Joatán, y el mancebo
Acab, padre de Ecechías,
que por lágrimas y ruegos
vivió diez años tras él;
Amón malo, y Josías bueno,
y después que a Babilonia
llevaron sus Reyes presos,
Ieconías, sus hermanos,
en quien también se cumplieron
catorce generaciones.
Salatiel comienza luego,
Zorobabel, Abiud,

Eliacín, de quien tenemos
a Azor, que engendró a Sadoc,
Achín y Eliud, ya siento
que se acerca en Eleazaro
nuestro santo parentesco,
que dél procedió Mathan,
y dél mi padre; mas vuelvo
a la línea de Joaquín,
que es esta misma que os cuento,
porque Joaquín y Jacob
de esta mi abuela nacieron,
y Emerencia y Estolano
descienden, como desciendo,
del tribu sacerdotal
y de unos mismos abuelos.

Bato   ¡Pardiez, Josef, que es bien clara
vuestra descendencia, y creo
que en ninguno como en vos
muestra más fuerzas el tiempo,
porque, en fin, venís de Adán
de uno en otro, descendiendo
de reyes y patriarcas,
príncipes y caballeros,
profetas y capitanes,
y duques del pueblo hebreo,
y agora en humilde estado
venís a ser carpintero!
Joaquín habrá ya venido;
si a Nazarén vuelvo presto,
os he de traer dos cargas
de cipreses y de cedros;
quedad ahora con Dios.

Josef	Él te guarde.
Bato	Veros pienso el mayor padre en el mundo del mayor hijo en el suelo.

(Vase Bato.)

Josef	Ve, Cleofás, y pues no fuiste, como tan cercano deudo, a Jerusalén con Ana, consuela su sentimiento, porque el venir sin María, su luz, regalo y espejo, los tendrá bien tristes.
Cleofás	Voy, aunque es corto mi consuelo para ausencia de una niña en quien se miran los cielos.

(Vase.)

Josef	Cansado estoy del camino; bien será rendirme al sueño mientras que llegan mis tíos; que con este pensamiento de la soledad que tienen y de que queda en el templo aquella divina niña... velando estaré, y durmiendo.

(Siéntese y hable entre sueños.)

¿Quién eres, divina infanta,
honor y gloria del suelo,
que no sin causa notable
alegra tu nacimiento
los ángeles y los hombres,
que están de verte suspensos?

(Descúbrese una cortina, y vense Joaquín y Ana sobre un trono, de cuyos dos pechos salgan dos ramas que se junten, y en su extremo se vea una imagen de la Virgen Nuestra Señora con el niño.)

Josef   ¿Qué extraño y divino tronco
      ¡cielos! es este que veo,
      o qué soberanos ramos
      se juntan en los extremos?
      ¿Qué doncella tan hermosa,
      que tiene un niño en los pechos?
      Tente sueño, tente un poco;
      ¿a dónde te vas tan lejos,
      que bañas de gloria el alma
      y de alegre vista el cuerpo?

(Salen los pastores con instrumentos, cantando.)

      ¿Quién tendrá alegría
      sin la blanca niña?

Josef   ¿Qué música es esta? ¡Ay, triste!
      Desperté del mejor sueño
      que se cuenta de hombre humano,
      aunque entre Jacob, mi abuelo;
      que ver la escala tocando
      cielo y tierra los extremos
      no sé si diga, y bien puedo

decir que es figura desto,
pastores. ¿A dónde vais?

Liseno   ¡Oh mi Josef! ¿Dónde bueno?

Josef   ¿Vienen acaso mis tíos?

Bato   Ya llegan.

Josef   ¡Qué gran contento!

(Salen Ana, Joaquín, Raquela y Cleofás.)

Joaquín   ¿Quién ve, José, esta casa
sin María?

Josef   Yo no puedo
consolarme de su ausencia.

Ana   ¿Y qué hará su madre viendo
que allá deja toda el alma?

Bato   Oíd la canción os ruego.

(Canten.)   ¿Quién tendrá alegría
sin la blanca niña?

Una Voz   ¿Quién podrá alegrarse
si tan lejos deja
aquella alba clara
que la tierra alegra,
en casa desierta
del bien que tenía?
¿Quién tendrá alegría

sin la blanca niña?

Joaquín   Vamos, Ana, y consolaos
con que a Dios queda ofrecida.

Ana   ¡Dichosa, Joaquín, su vida!

Joaquín   Ea, amigos, alegraos;
  lo que es de Dios, sea de Dios;
María es suya, no es mía,
y presente está María
en el alma de los dos.

Josef   ¡Qué santo y justo valor!

Bato   Pues vivan Ana y Joaquín,
porque con esto haga fin
la Madre de la Mejor.

Fin de la comedia

Libros a la carta

A la carta es un servicio especializado para

empresas,

librerías,

bibliotecas,

editoriales

y centros de enseñanza;

y permite confeccionar libros que, por su formato y concepción, sirven a los propósitos más específicos de estas instituciones.

Las empresas nos encargan ediciones personalizadas para marketing editorial o para regalos institucionales. Y los interesados solicitan, a título personal, ediciones antiguas, o no disponibles en el mercado; y las acompañan con notas y comentarios críticos.

Las ediciones tienen como apoyo un libro de estilo con todo tipo de referencias sobre los criterios de tratamiento tipográfico aplicados a nuestros libros que puede ser consultado en Linkgua-ediciones.com.

Linkgua edita por encargo diferentes versiones de una misma obra con distintos tratamientos ortotipográficos (actualizaciones de carácter divulgativo de un clásico, o versiones estrictamente fieles a la edición original de referencia).

Este servicio de ediciones a la carta le permitirá, si usted se dedica a la enseñanza, tener una forma de hacer pública su interpretación de un texto y, sobre una versión digitalizada «base», usted podrá introducir interpretaciones del texto fuente. Es un tópico que los profesores denuncien en clase los desmanes de una edición, o vayan comentando errores de interpretación de un texto y esta es una solución útil a esa necesidad del mundo académico.

Asimismo publicamos de manera sistemática, en un mismo catálogo, tesis doctorales y actas de congresos académicos, que son distribuidas a través de nuestra Web.

El servicio de «libros a la carta» funciona de dos formas.

1. Tenemos un fondo de libros digitalizados que usted puede personalizar en tiradas de al menos cinco ejemplares. Estas personalizaciones pueden ser de todo tipo: añadir notas de clase para uso de un grupo de estudiantes, introducir logos corporativos para uso con fines de marketing empresarial, etc. etc.

2. Buscamos libros descatalogados de otras editoriales y los reeditamos en tiradas cortas a petición de un cliente.